TEUBNER *kochen | erleben*

DAS TEUBNER

Handbuch Kochen

**Von Aal häuten
bis Zucchini füllen**

DAS TEUBNER

Handbuch Kochen

Von Aal häuten bis Zucchini füllen

Fotografie: Teubner Foodfoto und Dorothee Gödert

Text: Claudia Lenz
Claudia Bruckmann

Inhalt

GEMÜSE 6

Von Artischocke zubereiten bis Zwiebel würfeln. Küchentechnik für den Umgang mit Salat und Gemüse.

FISCH 152

Von Aal abziehen bis Stockfisch wässern. Küchenpraxis für die Zubereitung von Fisch.

OBST 74

Von Ananas schälen bis Zwetschenkompott. Handgriffe und Techniken für die Bearbeitung von Früchten.

MEERESFRÜCHTE 186

Austern richtig öffnen, Umgang mit Hummer, Krebs und Co. Meeresfrüchte und ihre Verarbeitung.

EIER, MILCH, KÄSE 122

Alles Wichtige für die Zubereitung von Eiern und Milchprodukten.

FLEISCH 214

Von Bries blanchieren bis Steak braten. Fleischbehandlung in allen Details.

INHALT

GEFLÜGEL & WILD 244

Von Ente dressieren bis Wildkeule garen. Alle Arbeitsschritte für die Verwendung von Geflügel und Wild.

SAUCEN 374

Grundsaucen und Fonds aus Fleisch, Fisch, Gemüse, Geflügel und Wild herstellen

PASTA & GETREIDE 284

Von Backerbsen herstellen bis Won-tans füllen. Arbeitsschritte für Nudeln, Reis, Getreide und Co.

ALLGEMEINES 424

Garmethoden, Geräte, Garnierungen. Grundarbeitsschritte für alle Zutaten.

KRÄUTER & GEWÜRZE 344

Von Chilischoten entkernen bis Zitronengras schneiden. Kräuter und Gewürze und ihre Verarbeitung.

Register 470
Impressum 480

Alle Arbeitschritte in diesem Handbuch sind unter den jeweiligen Zutaten alphabetisch aufgeführt.

Im Register finden Sie alle Produkte und Arbeitsschritte sowie relevante Begriffe.

Gemüse
von Artischocke bis Zwiebel

GEMÜSE

Artischocken

Böden zubereiten

a | Die Artischocken waschen und den Stiel abschneiden, dabei lösen sich die harten Fasern aus dem Blütenboden.

b | Den Blütenboden sofort mit Zitronensaft einreiben. Zwei Drittel der Hüllblätter mit einem schweren Messer abschneiden.

c | Die verbliebenen Hüllblätter wegschneiden, die Blattansätze mit einem kleinen Gemüsemesser entfernen.

d | Das faserige, ungenießbare »Heu« innen mit einem Kugelausstecher oder einem scharfkantigen Teelöffel entfernen.

A GEMÜSE

Artischocken

große, zum Füllen vorbereiten

a | Die Blattspitzen mit einer Küchenschere stutzen, dann mit einem scharfen Messer die Spitze der gesamten Blüte abschneiden.

b | Artischocken mit Küchengarn verschnüren und in sprudelnd kochendem, mit Zitronensaft versetztem Wasser 10 Minuten kochen.

c | Die Blüten mit einem in den Topf passenden Deckel oder Teller beschweren, der sie unter Wasser hält; so verfärben sie sich nicht.

d | Die Artischocken kopfüber abtropfen lassen. Dann die hellen Blütenblätter mit einer Drehbewegung aus der Mitte herausziehen.

e | Mit einem Kugelausstecher oder einem kleinen Löffel das »Heu« von den Artischockenböden ablösen und wegwerfen.

Artischocken

junge, im Ganzen zubereiten

a | Von stacheligen Artischockensorten die Blattspitzen stutzen. Die äußeren Hüllblätter bis hin zu den hellen Innenblättern abzupfen.

b | Die oberen Blattspitzen mit einem scharfen, schweren Kochmesser abschneiden – sie sind eher zäh und schmälern den Genuss.

c | Den Stiel auf etwa 10 cm einkürzen und mit einem Gemüsemesser großzügig abschälen – er ist zart und recht aromatisch.

d | Vorbereitete Artischocken in Essig- oder Zitronenwasser je nach Größe 10–15 Minuten kochen. Sie sollten aber nicht zu weich werden.

e | Die gegarten Blütenknospen entweder kalt abschrecken oder etwas abkühlen lassen und halbieren. Das Heu mit einem Löffel entfernen.

A GEMÜSE

Auberginen

zum Braten vorbereiten

a | Zum Braten die Auberginen quer in etwa 1 cm dicke Scheiben schneiden.

b | Die Auberginenscheiben mit reichlich Salz bestreuen und Wasser ziehen lassen.

c | Nach etwa 10 Minuten die Scheiben mit Küchenpapier gut trockentupfen.

AUBERGINEN VORBEREITEN ZUM BRATEN – ZUM FÜLLEN   A

Auberginen

zum Füllen vorbereiten

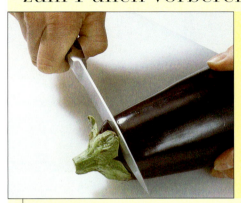

a | Zum Füllen eignen sich schmale und dicke Auberginen gleichermaßen. Die Frucht zunächst waschen und den Kelchansatz abschneiden.

b | Die Aubergine längs halbieren. Bei dicken Hälften nach Belieben auf der Schalenseite mittig einen Streifen abschneiden, dann liegen sie besser im Gargeschirr.

c | Damit sich das helle Fruchtfleisch vor der Weiterverarbeitung nicht unansehnlich dunkel verfärbt, die Schnittflächen nach Belieben mit Zitronensaft einpinseln.

d | Das Fruchtfleisch innerhalb eines schmalen Randes in Rauten schneiden, mit einem scharfkantigen Löffel herausheben – dabei nicht zu tief aushöhlen.

A | GEMÜSE

Austernpilze

vorbereiten

a | Austernpilze wachsen zusammenhängend, büschelförmig. Die Pilze voneinander ablösen. Bei größeren Pilzen kann das Stielende hart sein und wird abgeschnitten.

b | Die Austernpilze dann klein schneiden, beispielsweise in Streifen – in dieser Form sind sie sehr gut zum Pfannenrühren im Wok geeignet.

Avocado

vorbereiten

a | Die Avocado längs rundum bis hinunter auf den Kern einschneiden.

b | Die Fruchthälften gegeneinander drehen, bis sich eine Hälfte abheben lässt.

c | Den Kern herausnehmen, eventuell behutsam mit einem Messer lösen.

d | Schnittflächen mit Zitrussaft bepinseln, damit sie sich nicht verfärben.

e | Sehr weiches Fruchtfleisch mit einem Löffel lösen, aus der Schale heben.

f | Festere Avocados kann man auch mit einem Sparschäler schälen.

B GEMÜSE

Blumenkohl

zerteilen

a
Das untere Ende des Blumenkohlkopfes mit einem großen, scharfen Messer abschneiden. Die äußeren Blätter ablösen.

b
Nun lassen sich auch die Hüllblätter, die bei frischem Blumenkohl sehr fest und eng anliegen, leicht ablösen. Zuletzt auch die kleinen Blättchen entfernen.

c
Soll der Kohlkopf im Ganzen gegart werden, den Strunk kreuzweise einschneiden, den Kopf waschen. Ansonsten den Strunk am Ansatz abtrennen, damit sich die Röschen besser lösen.

d
Die Röschen ab den dicken Stängeln nach und nach herausbrechen, dann waschen. Die Röschen je nach Rezept weiterverwenden; eventuell noch kleiner zerteilen.

BLUMENKOHL ZERTEILEN – **BOHNEN, GRÜNE** PUTZEN

Bohnen, grüne

putzen

a | Beim Putzen von grünen Bohnen fällt kaum Abfall an. Bei frischer Ware genügt es, nach dem Waschen die Enden zu entfernen.

b | Die Bohnen dann je nach Länge und Verwendungszweck schräg in mehr oder weniger lange Stücke schneiden.

c | Grüne Bohnen sollte man grundsätzlich mindestens 10 Minuten garen, das zerstört den giftigen Inhaltsstoff Phasin.

GEMÜSE

Brokkoli

vorbereiten

a | Das harte, trockene Strunkende abschneiden, eventuelle Seitentriebe und grobe Blätter entfernen.

b | Röschen von den Stängeln schneiden. Zarte Blättchen aufheben, sie können am Schluss mitgegart werden.

c | Die Stängel schälen, klein schneiden und immer kurz vorgaren, bevor die Röschen zugegeben werden.

BROKKOLI VORBEREITEN – **CARDY** ZUBEREITEN

Cardy

vor- und zubereiten

a | Das untere Ende der Cardystaude abschneiden und die Staude in die einzelnen Stängel zerteilen.

b | Die Blattreste abschneiden. Auch die stacheligen Ränder müssen alle sorgfältig entfernt werden.

c | Fäden von den Stängeln abziehen. Sie sind zäh und ungenießbar, daher auch hier sorgfältig arbeiten.

d | Die Stängel in etwa fingerlange Stücke schneiden und sofort in mit Essig versetztes Wasser legen, damit sie sich nicht verfärben.

e | Cardystücke in kochendem Salzwasser in 25–30 Minuten nicht zu weich garen. Herausheben und abtropfen lassen.

f | Nach dem Kochen verbliebene Fäden von den Cardystücken abziehen. Die Stücke nach dem jeweiligen Rezept weiterverarbeiten.

19

C GEMÜSE

Chayote

vorbereiten

a | Die Früchte unter fließendem Wasser gründlich abbürsten. Eventuell zusätzlich unter heißem Wasser kurz abreiben.

b | Die Chayoten mit dem Sparschäler schälen – eventuell unter fließendem Wasser, der austretende Milchsaft ist klebrig.

c | Anschließend die in den Falten verbliebene Schale mit einem spitzen, scharfen Gemüsemesser herausschneiden.

d | Die Chayoten längs halbieren, dabei den großen nussartigen Samenkern umschneiden und entfernen. Er ist essbar.

Chicorée

schmoren

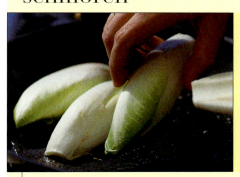

a | Chicoréehälften mit der Schnittfläche nach unten in eine Pfanne mit wenig heißem Fett einlegen, salzen, pfeffern und leicht zuckern. Zugedeckt 3–4 Minuten schmoren.

b | 150 ml Gemüsebrühe oder Gemüsefond angießen, die Pfanne erneut zudecken und die Chicoréehälften noch weitere 3–4 Minuten schmoren.

vorbereiten

a | Den Chicorée unter fließendem kaltem Wasser waschen, unschöne Blätter oder Blattteile entfernen. Den Strunk kegelförmig ausschneiden.

b | Den Kegel herausziehen und die Staude nach Rezept weiterverarbeiten. Bei neueren Sorten mit reduzierten Bitterstoffen kann man den ganzen Spross verwenden.

GEMÜSE

Chinakohl

vorbereiten und schneiden

a | Vom Kohlkopf äußere unschöne oder trockene Blätter entfernen, das untere Ende mit einem scharfen Messer abschneiden.

b | Die Blätter ablösen, waschen und – sofern sie nicht für Kohlrouladen im Ganzen verwendet werden – längs halbieren.

c | Die Blatthälften dann, am besten immer ein paar übereinander gelegt, quer in feine Streifen schneiden. Ideal für Wokgerichte.

CHINAKOHL VORBEREITEN – **DICKE BOHNEN** HÄUTEN

Dicke Bohnen

häuten

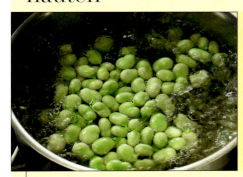

a | Die frischen Bohnenkerne in kochendes Wasser geben und kurz darin ziehen lassen. Dann in ein Sieb abgießen und kalt abschrecken.

b | Die graue zähe Haut von den Kernen mit den Fingern ablösen. Dicke Bohnen immer etwa 20 Minuten kochen, roh enthalten sie giftige Stoffe.

GEMÜSE

Erbsen, grüne

palen

a | Die Samenhülle von Erbsen platzt auf Druck längs auf b w. kann leicht entlang der Naht auseinander gedrückt werden.

b | Dann können die darin liegenden zarten, süßlich schmeckenden Samenkerne mit dem Daumen herausgelöst weden.

ERBSEN PALEN – **FELDSALAT** VORBEREITEN

Feldsalat

vorbereiten

a | Bereits vor dem Waschen welke oder verdorbene Blattrosetten auslesen. Dann den Salat mit kaltem Wasser waschen – Freilandsalat besonders gründlich.

b | Den Salat abtropfen lassen, anschließend die Wurzeln nach Belieben nur kürzen, so dass die ganzen Röschen erhalten bleiben, oder abknipsen.

c | Gleichzeitig einen zweiten sorgfältigen Verlese-Durchgang machen und von jeder Rosette unschöne Blätter entfernen.

GEMÜSE

Fenchelknollen

vorbereiten

a
Unten an der Schnittstelle ein Stück abschneiden. Unschöne äußere Schuppenblätter entfernen. Bei den verbleibenden von der Schnittstelle ausgehend die feinen Fäden nach oben hin abziehen.

b
Stiele und zartes Grün abschneiden. Das Fenchelgrün kann fein gehackt als Würzkraut oder als Dekoration verwendet werden. Die Knolle halbieren.

c
Die Fenchelknolle dann je nach Form und Weiterverarbeitung teilen: Längliche Knollen längs in zwei flache Hälften schneiden, dicke rundliche Knollen vierteln.

d
Den harten Strunkkegel, an dem die Blätter ansetzen, keilförmig so herausschneiden (er wird beim Garen nicht weich), dass die Blätter sich gerade noch nicht voneinander lösen.

FENCHELKNOLLEN VORBEREITEN – **FRÜHLINGSZWIEBELN** SCHNEIDEN

Frühlingszwiebeln

putzen, schneiden

a
Von jeder Frühlingszwiebel das äußerste Hüllblatt entfernen: Das Blatt am Schaft längs einschneiden und abziehen.

b
Oben großzügig unschöne und vertrocknete Blattspitzen abschneiden.

c
Die Wurzeln entfernen und die Lauchzwiebeln anschließend gründlich waschen.

d
Die Frühlingszwiebeln je nach Rezept in feine Ringe schneiden – gegebenenfalls getrennt in helle und dunkle Teile. Insbesondere für Wokgerichte werden Frühlingszwiebeln auch längs in Julienne geschnitten.

Gemüse

Chiffonade schneiden

a | Gewaschene und trockengeschleuderte Salatblätter – auch Spinat oder Sauerampfer – locker aufrollen.

b | Mit einem scharfen Messer in hauchdünne Streifen schneiden. Chiffonade eignet sich als Garnitur oder Einlage.

Julienne schneiden

a | Das geputzte bzw. geschälte Gemüse mit einem scharfen Messer zuerst längs in dünne Scheiben schneiden.

b | Die Scheiben übereinander legen und der Länge nach in Streifen oder Julienne, so der Fachausdruck, schneiden.

Gemüse

Stücke und Scheiben schneiden

a | Runde Gemüse wie Mairüben, Rote Beten oder Kohlrabi in gleichmäßig große Viertel, Achtel oder Spalten schneiden.

b | Längliche Gemüse diagonal in Stücke schneiden, es dabei nach jedem Schnitt um ein Viertel drehen – der so genannte Rollschnitt.

c | Mit dem Buntmesser bekommen Gurken oder Zucchini ein dekoratives Rillenmuster – eignet sich auch für Möhren.

tournieren

a | Klassisch tournieren am Beispiel von Zucchini. Großes Gemüse zunächst grob zurechtschneiden, beispielsweise vierteln.

b | Die Zucchiniviertel dann mit einem gebogenen Messer oval zuschneiden, zu den Enden hin spitz zulaufen lassen.

c | Das Fruchtfleisch auf der Innenseite beidseitig etwas abflachen, damit die Stücke anschließend gleichmäßig garen.

GEMÜSE

Grün- und Schwarzkohl

vorbereiten

a | Die einzelnen Kohlblätter (im Bild die länglichen Blätter vom Schwarzkohl) vom Strunk lösen, die Mittelrippen herausschneiden.

b | Die Blätter unter fließendem Wasser sorgfältig waschen und mit einem scharfen Messer quer in Streifen schneiden.

c | Den Kohl in etwas Fett andünsten, kräftige Brühe zufügen und das Gemüse etwa 45 Minuten zugedeckt schmoren.

30

GRÜNKOHL VORBEREITEN – **GURKE** SCHÄLEN

Gurke

hobeln und schälen

a | Scheiben, auch von ungeschälten Gurken, gelingen exakt in der gewünschten Stärke auf einem Gemüsehobel mit verstellbarer Klinge (Mandoline).

b | Nach Belieben die Gurke zuerst mit dem Messer oder Sparschäler vollständig bzw. nur in Streifen mit einem Ziseliermesser (siehe das Bild unten) schälen.

H GEMÜSE

Hülsenfrüchte

Bohnen einweichen

a | Getrocknete Bohnen, Erbsen und auch ungeschälte Linsen vor dem Garen in eine Schüssel füllen und mit kaltem Wasser bedecken.

b | Die Hülsenfrüchte nach 8–12 Stunden in ein Sieb abgießen. Das Einweichwasser wegschütten, es enthält blähende, unverdauliche Stoffe.

c | Zum Kochen fertig gequollen sind Hülsenfrüchte in jedem Fall, wenn sich ihr Volumen verdoppelt bis verdreifacht hat.

Erbsen, Linsen, Kichererbsen zubereiten

a | Ebenso wie Bohnenkerne müssen auch alle Arten von Erbsen vor dem Garen eingeweicht werden.

b | Die zarten roten Linsen dagegen können ohne Vorquellen gekocht werden. Sie werden auch so sehr weich.

c | Ist die Zeit einmal knapp, kann man Hülsenfrüchte statt sie vorzuquellen auch im Dampfkochtopf garen.

HÜLSENFRÜCHTE BOHNEN EINWEICHEN – HÜLSENFRÜCHTE ALLGEMEIN

Hülsenfrüchte

Bohnen, Erbsen, Linsen

Botanisch gesehen zählen zu den Hülsenfrüchten nicht nur die getrockneten Samen von **Bohnen, Erbsen und Linsen,** sondern auch frische grüne Bohnen und Erbsen. Allerdings wird in der Lebensmittelbranche und in Koch-Fachkreisen nur die Trockenware zu den Hülsenfrüchten gerechnet.

Bei den **getrockneten Bohnen** gibt es unzählige Sorten, die sich in Größe, Farbe, Geschmack und auch in den Kocheigenschaften zum Teil stark unterscheiden.

Getrocknete Erbsen kommen, da die äußere Sameschale ungenießbar ist, meist geschält in den Handel. Manche Sorten werden zusätzlich noch poliert. Es gibt weiße, gelbe, grüne und graue Erbsensorten, sie werden ganz oder halbiert angeboten. Erbsen muss man in jedem Fall vor dem Garen einweichen, halbierte sind aber schneller gar.

Linsen werden nach Größen sortiert sowie geschält und ungeschält angeboten. Es gibt zwischen den einzelnen Größensortierungen keine geschmacklichen Unterschiede, eher bestimmt die Art des Gerichts die Wahl der Größe – und auch die der Farbe: Denn es gibt grüne, schwarze und rote Sorten. Linsen müssen vor dem Garen nicht eingeweicht, dann allerdings lange genug gekocht werden.

33

GEMÜSE

Kartoffeln

Bratkartoffeln aus rohen Kartoffeln

1 Für 2 Personen 400 g Kartoffeln schälen, auf einem Gurkenhobel in dünne Scheibchen schneiden. In einer großen Bratpfanne 2 EL Öl oder Schmalz erhitzen. Die Scheiben hineingeben (Step a), umwenden und gleichmäßig verteilen.

2 Die Temperatur so einstellen, dass die Kartoffeln leise zischen. Sobald aus dem Zischen ein Knistern wird, die Pfanne rütteln und die Kartoffelscheiben vom Boden lösen.

3 Die Kartoffelscheiben am besten durch Schwenken der Pfanne oder mit der Bratschaufel wenden, pfeffern und Zwiebelringe von 1 großen Zwiebel zugeben (Step c).

4 Die Kartoffeln weiterbraten und dabei immer wieder wenden, bis alle Scheibchen goldbraun sind.

Das dauert mindestens 20-30 Minuten. Vor dem Servieren salzen.

rohe Kartoffeln braten

a Die Kartoffelscheiben in der heißen Pfanne verteilen, so dass keine Scheiben zusammenkleben.

b Die Scheiben bei nicht zu starker Hitze von unten bräunen, bis sie knistern, erst dann wenden.

c Nach diesem ersten Wenden auch die Zwiebelringe zugeben und mitbräunen lassen.

34

KARTOFFELN BRATEN – SCHÄLEN K

Kartoffeln

hobeln

a | Pommes allumettes, Streichholzkartoffeln, kann man auf einem Gemüsehobel mit passendem Einsatz herstellen.

b | Auch Pommes frites, also etwas dickere Kartoffelstifte, hobelt man schnell und gleichmäßig mit diesem Gemüsehobel.

c | Kartoffelscheiben mit Waffel- oder Zackenmuster, Pommes gaufrettes, entstehen mit dem gezackten Messereinsatz.

schälen

a | Entweder die Kartoffeln vorher waschen, dann schälen oder die Schale unter fließendem Wasser entfernen.

b | Eventuelle Augen mit dem am Rücken sitzenden Dorn des Sparschälers aus der Kartoffel herausstechen.

c | Geschälte Kartoffeln ggf. kurz in Wasser aufbewahren, damit sie sich nicht dunkel verfärben.

KARTOFFELN PÜREE ZUBEREITEN | K

Kartoffeln

Kartoffelpüree

Lockerer Kartoffelbrei und ebenso auch Pürees aus anderen stärkereichen Knollen gelingen nur in Handarbeit perfekt. Mixer und Pürierstab würden die Stärkekörner zerstören, die Stärke würde austreten, verkleistern und den Brei zäh machen.

1 Geschälte Kartoffeln – am besten geeignet ist eine mehlig-fest kochende Sorte – als Pellkartoffeln zubereiten oder in Salzwasser weich kochen, abgießen, kurz abdampfen lassen und mit einem Stampfer gleichmäßig zerdrücken (Step a).

2 Milch oder eine Sahne-Milch-Mischung erhitzen – man rechnet auf 1 kg ungeschälte Kartoffeln 250–275 ml Flüssigkeit. Nach Belieben etwas Butter darin schmelzen. Die Flüssigkeit salzen und unter leichtem Rühren untermischen.

3 Das Kartoffelpüree mit einem Schneebesen locker durchschlagen. Jedoch nicht zu intensiv oder zu lange, da der Brei ansonsten zäh und klebrig wird (Step b).

Von cremiger Konsistenz und nicht zu fein zerkleinert ist Kartoffelbrei gerade richtig. Bei mehligen Kartoffeln benötigt man mehr Flüssigkeit als bei vorwiegend fest kochenden.

a
Die heißen Kartoffeln mit Hilfe des Kartoffelstampfers zerdrücken.

b
Unter Rühren mit dem Schneebesen die kochend heiße Milch zugießen.

37

K GEMÜSE

Kohl

Grundrezept Kohlrouladen

1 Von 1 mittelgroßen Wißkohlkopf die äußersten Blätter entfernen, dann 8–12 Blätter behutsam im Ganzen ablösen.

2 Die Kohlblätter waschen und in Salzwasser blanchieren. Die Mittelrippen abflachen wie unten gezeigt (Step a).

3 Für die Füllung 1 Brötchen vom Vortag in Milch einweichen. 250 g Hackfleisch (vom Schwein oder gemischt), Salz, Pfeffer, 1–2 Eier, 3 EL gegarten Reis, 1 fein gehackte Zwiebel, 2 EL gehackte Petersilie, etwas Thymian, Basilikum und Liebstöckel und das eingeweichte Brötchen zu einem Fleischteig verarbeiten.

4 Die Kohlblätter auf der Arbeitsfläche ausbreiten und auf jedes Blatt eine Portion Hackfleischteig geben. Zu Rouladen rollen wie in Step b gezeigt und beschrieben.

5 Die Kohlrouladen in einem Schmortopf in heißem Fett rundum anbräunen. 250 ml Fleisch- oder Gemüsebrühe zugießen, den Deckel auflegen und die Rouladen bei mittlerer Hitze etwa 30 Minuten garen. Gegebenenfalls noch etwas Brühe nachgießen.

6 Nach 20 Minuten Garzeit die Sauce nach Belieben mit etwas Sahne und Tomatenmark verfeinern und abschmecken.

Tipps:
Die fertig gerollten Kohlrouladen nach Belieben mit Küchengarn verschnüren, so geht man sicher, dass sie sich beim Wenden im Topf nicht auflösen.
Unter die Füllung kann man statt Reis auch 3 EL fein gehackten gegarten Kohl mengen.
Dazu passen Kartoffelpüree (Seite 37) und Salat.

Kohlblätter als Rouladenhülle

a Von den blanchierten Blättern an der Außenseite die Mittelrippe mit dem flach geführten Messer etwas dünner schneiden, so lassen sich die Blätter leichter aufrollen.

b Das Blatt umdrehen, auf das untere Ende eine Hackfleischportion geben, die Blattseiten einschlagen und von unten beginnend aufrollen.

KOHL ROULADEN ZUBEREITEN – VORBEREITEN

Kohl

vorbereiten

a
Vom Kohlkopf die äußeren unschönen Blätter entfernen. Im Bild Weißkohl, genauso verfährt man aber auch mit Spitzkohl, Rotkohl und Wirsing.

b
Dann je nach Rezept weiterarbeiten: Entweder die inneren Blätter vorsichtig im Ganzen ablösen – etwa für Kohlrouladen ...

c
... oder – für Kohl der geschmort oder pfannengerührt werden soll – den Kopf mit einem schweren Gemüsemesser vierteln ...

d
... und die Kohlviertel anschließend – am besten wieder mit dem schweren Gemüsemesser – quer in feine Streifen schneiden.

GEMÜSE

Kohlrabi

vorbereiten

a | Vom Kohlrabi zuerst die Blattstiele abschneiden. Zarte Blättchen, insbesondere vom Scheitel der Knolle nach Belieben zum Würzen oder Dekorieren verwenden.

b | Bei jungen Exemplaren die Haut einfach abziehen. Dabei immer vom Blattansatz ausgehen. Größere Knollen sollte man besser dicker schälen.

KOHLRABI VORBEREITEN – **KÜRBIS** VORBEREITEN

Kürbis

füllen (Patissons)

a | Von den kleinen Kürbissen einen Deckel abschneiden. Das Fruchtfleisch mit dem Kugelausstecher aushöhlen, dabei einen Rand von etwa ½ cm innerhalb der Schale belassen.

b | Als Füllung eignen sich Ragout-, Hackfleisch- oder Getreidemischungen, etwa mediterran gewürztes Lammragout oder – ganz vegetarisch – beispielsweise indisch gewürztes Gemüse.

vorbereiten

a | Um größere Kürbisse bequem verarbeiten zu können, schneidet man sie mit einem großen Kochmesser in Segmente.

b | Mit einem scharfrandigen Esslöffel lassen sich dann die Kerne sowie das faserige Innere gut aus den Segmenten herausschaben.

c | Zuletzt die Kürbisschale streifenweise mit einem scharfen Küchenmesser ablösen, das Fruchtfleisch je nach Rezept zerkleinern.

GEMÜSE

Lauch

vorbereiten, im Ganzen

a
Da zwischen den Blättern oft Sand steckt, die Stangen vor dem Waschen der Länge nach bis knapp über dem Schaftende einschneiden.

b
Anschließend die Lauchstangen unter fließendem kaltem Wasser gründlich abspülen, dabei die Blätter mit den Fingern auseinanderspreizen.

vorbereiten, in Ringen

a
Für ganze, geschlossene Lauchringe, die Stangen nur grob putzen, d. h. äußere Blätter entfernen, trockene und unschöne Blattenden sowie die Wurzeln abschneiden.

b
Stangen quer in Ringe schneiden, diese in einem Sieb unter fließendem kaltem Wasser kurz aber gründlich waschen. Lauchringe sind optisch attraktiv z. B. in Suppen oder als Quichebelag.

LAUCH VORBEREITEN – **MAIS** POPCORN ZUBEREITEN

Mais

Kolben zubereiten

1 Die Maiskolben waschen, gut abtropfen lassen bzw. trockentupfen und mit weicher Butter einstreichen.

2 Die Kolben in Alufolie wickeln und in eine feuerfeste Form legen. Bei 180 °C im vorgeheizten Ofen 90 Minuten garen. Aus dem Ofen nehmen und etwas abkühlen lassen.

3 Die Maiskolben aus der Folie wickeln, Hüllblätter und Fäden entfernen. Zum Essen einen Kolben mit der Hand im Ganzen fassen und hineinbeißen oder die Körner wie nachfolgend gezeigt und beschrieben abschneiden.

Körner vom Kolben schneiden

1 Beim Zuckermais kann man die Körner vor oder nach dem Garen abschneiden.

2 Die Kolben fest am unteren Ende anfassen und mit einem scharfen Messer die Körner dicht am Strunk abschneiden, so dass sie möglichst nicht verletzt werden.

Popcorn zubereiten

1 In einer Deckelpfanne 2 EL neutrales Öl stark erhitzen. Popcornmais (unter dieser Bezeichnung im Handel erhältlich) nicht höher als bodenbedeckt einfüllen.

2 Sofort den Deckel auflegen und den Mais unter ständigem Rütteln der Pfanne, damit die Körner nicht ansetzen, bei starker Hitze zum Aufpuffen bringen. Nicht erschrecken, es gibt recht laute Geräusche.

3 Den Deckel geschlossen lassen, weiterrütteln, bis der größte Teil der Maiskörner gepufft ist. Pfanne von der Kochstelle nehmen, das Popcorn nach Belieben zuckern oder salzen.

43

GEMÜSE

Mangold

vorbereiten

a | Von der Mangoldstaude den Wurzelansatz mit einem großen Messer abschneiden. Den Mangold in die einzelnen Blätter zerteilen.

b | Die Blätter waschen und trockentupfen. Von jedem Mangoldblatt den breiten Stiel mitsamt der Mittelrippe herausschneiden.

c | Mangoldstiele quer einschneiden, mit Daumen und Messer die zarte Haut fassen und abziehen. Stiele und Blätter klein schneiden.

MANGOLD VORBEREITEN – **MORCHELN** ZUBEREITEN

Morcheln

Gemüseragout mit Morcheln

1 160 g frische oder alternativ 15–20 g getrocknete Morcheln vorbereiten wie in den Steps unten beschrieben. 4 mittelgroße Knollen Kohlrabi von je etwa 150 g schälen und in kleine Würfel schneiden. Die Kohlrabiwürfel in leicht gesalzenem Wasser bissfest garen, herausheben und abtropfen lassen.

2 Die Pilze in 20 g heißer Butter anziehen lassen. Kohlrabiwürfel zugeben, mit 2 EL trockenem Sherry und 80 ml Sahne ablöschen. Den Topf von der Kochstelle nehmen und das Kohlrabi-Morchel-Ragout mit Salz, Pfeffer, etwas Zucker und Muskat abschmecken.

Im Bild ist das Kohlrabi-Morchel-Ragout ganz edel mit Flusskrebsschwänzen und gebratenem Steinbuttfilet angerichtet. Es passt aber auch gut zu anderen Plattfischfilets. Das Gericht nach Belieben mit frischem Kerbel garniert servieren.

a

b

a
Frische Morcheln von Erd- und Sandresten befreien, trockene Stielenden abschneiden. Die Pilze waschen und trockentupfen.

b
Getrocknete Morcheln 20 bis 30 Minuten in Wasser einweichen. Die Pilze abtropfen lassen und gut trockentupfen.

GEMÜSE

Okraschoten

vorbereiten und garen

a
Die Okraschoten waschen, dann jede Schote am Stielansatz bleistiftartig zuschneiden, ohne sie dabei zu verletzen.

b
So zugespitzt bleibt das Fruchtfleisch der Okraschote auch beim Garen geschlossen. Bei einem geraden Schnitt würde die im Innern enthaltene schleimige Flüssigkeit auslaufen können.

c
Nach dem Zuschneiden legt man die Schoten bis zur Weiterverarbeitung in mit Zitronensaft versetztes Wasser. Auch so wird ein Aufplatzen während des Kochens vermieden.

d
Putzt man das Gemüse, indem man die Stielansätze einfach gerade kappt, sondern die Okraschoten beim Kochen einen milchigen Saft ab, der bestimmten Gerichten die gewünschte nötige Bindung geben kann.

OKRASCHOTEN GAREN – **PAPRIKASCHOTEN** FÜLLEN

Paprikaschoten

Gefüllte Paprikaschoten

Die »normalen«, rundlichen Paprikaschoten werden klassisch mit Hackfleischmischung, die nach Belieben mit Reis ergänzt wird, oder mit Reis-Gemüse-Mischung gefüllt. Anschließend werden sie im Topf angedünstet und unter Zugabe von ein wenig Brühe gar gedünstet. Hier eine mediterrane Variante mit Schafkäsefüllung, die im Ofen gegart und als kalte Vorspeise serviert wird.

1 6 rote Spitzpaprikaschoten vorbereiten wie in den beiden Steps unten gezeigt und beschrieben, dann häuten (siehe Seite 48).

2 Für die Füllung 250 g Feta mit einer Gabel zerdrücken, mit 80 ml Sahne, 1 Eigelb, 1 EL gehackter Petersilie und Pfeffer gründlich vermengen. Die Käsemischung nach Belieben salzen und in die vorbereiteten Schoten füllen.

3 Eine feuerfeste Form mit Öl auspinseln, die Schoten einlegen, mit Öl beträufeln und im vorgeheizten Ofen bei 190 °C etwa 15 Minuten garen. Herausnehmen und vollständig erkalten lassen.

Serviervorschlag: Die gefüllten Paprikaschoten mit einer pikanten Vinaigrette aus Olivenöl, Essig, Zwiebeln, Kapern, Knoblauch und Thymian reichen. Dazu Fladenbrot servieren.

a
Von Spitzpaprikaschoten den Stielansatz mit einem scharfen Messer kreisförmig herausschneiden.

b
Samen und Scheidewände sorgfältig herauskratzen – das geht am besten mit einem Kugelausstecher.

P | GEMÜSE

Paprikaschoten

häuten

a | Die Schoten bei 220 °C im vorgeheizten Ofen backen, bis die Haut Blasen wirft und leicht bräunt.

b | Die Schoten kurz unter einem feuchten Tuch oder in einer Plastiktüte »schwitzen« lassen, dann häuten.

c | Die Früchte längs halbieren, dabei aufpassen, dass das weiche Fruchtfleisch nicht zerdrückt wird.

Samen entfernen

a | Die Früchte mit einem scharfen Messer längs halbieren, auch den Stielansatz durchschneiden.

b | Mit einem kleinen Küchenmesser Stielansatz, Samen und Scheidewände herausschneiden.

Pilze, frische

vorbereiten

a | Zuchtchampignons sind in aller Regel kaum verschmutzt. Sie können durch Abreiben mit einem Tuch oder mit Küchenpapier gesäubert werden.

b | Von unschönen Exemplaren kann man die obere Hutschicht enfernen. Dazu mit Messer und Daumen am Rand der Hüte die Haut fassen, nach oben abziehen.

c | Die Pilze dann je nach Rezept nur grob zerkleinern (halbieren, vierteln), in Scheiben schneiden (zum Braten) oder fein Würfeln (für Füllungen).

d | Pfifferlinge säubert man am besten mit einem Kuchenpinsel. Gegart werden die aromatischen Pilze meist im Ganzen, größere Exemplare werden halbiert.

e | Bei den edlen Steinpilzen gibt es wenig Putzabfall – es müssen nur die Stielenden dünn angeschnitten werden. Danach schneidet man die Pilze längs in Scheiben.

GEMÜSE

Pilze, getrocknete

vorbereiten (zerkleinerte)

a | Getrocknete Wildpilze sind bereits grob zerkleinert bzw. geschnitten. Sie müssen – außer sie geraten in lange zu kochenden Eintöpfen mit – vor der Verwendung 20–30 Minuten eingeweicht werden.

b | Die Pilze durch ein feines Sieb abgießen, das Einweichwasser auffangen. Es sollte wegen der Aromastoffe mitverwendet werden, etwa für die Sauce – dazu aber erst Sandreste absetzen lassen.

vorbereiten (ganze)

a | Aus den Küchen des Fernen Ostens sind getrocknete Pilze nicht wegzudenken. Im Bild getrocknete Shiitakepilze, die vor der Verwendung mindestens 30 Minuten eingeweicht werden müssen.

b | Die Stiele der Shiitakepilze werden allerdings auch durch das Einweichen nicht weich. Sie müssen daher – ebenso wie bei frischen Shiitakepilzen – abgeschnitten und weggeworfen werden.

Radicchio

vorbereiten

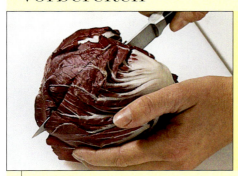

a | Vom Radicchiokopf welke, beschädigte und unansehnliche Blätter entfernen. Den kompakten Salatkopf dann am besten in der Mitte durchschneiden.

b | Den Strunk kegelförmig herausschneiden, sofern dessen bittere Note nicht erwünscht ist. Die Blätter voneinander lösen und klein zupfen oder schneiden.

GEMÜSE

Rettich

säubern

a | Vom Rettich zunächst oben das Grün abschneiden sowie eventuell vorhandene feine Wurzeln an der Seite und unten.

b | Da beim Rettich die Schale mitgegessen wird, sollte diese dann gründlich unter fließendem Wasser abgebürstet werden.

zerkleinern

a | Gleichmäßige feine Stifte – beispielsweise für einen Rettichsalat – entstehen auf einem Gemüsehobel (Mandoline), der einen Einsatz mit einer Reihe senkrecht stehender Klingen besitzt.

b | Klassisch zur bayerischen Brotzeit: mit einem speziellen Schneidegerät spiralförmig aufgeschnittener Rettich. Er wird anschließend zwischen den einzelnen Scheiben gesalzen, das entzieht Schärfe.

RETTICH SÄUBERN – **ROSENKOHL** VORBEREITEN

Rosenkohl

vorbereiten

a
Rosenkohl wird im Handel meist schon vorgeputzt angeboten. Beim Kauf auf glatte, makellose Röschen achten. Flecken auf den Blättern sind ein Zeichen von Überlagerung. Zum Putzen zunächst die angetrockneten Schnittstellen nachschneiden.

b
Dann die dunklen äußeren Blätter entfernen – sie sind zäh und faserig, teils auch etwas trocken bzw. unschön. Die Blättchen entweder mit dem Daumen abpellen oder – wie im Bild gezeigt – unten am Ansatz abschneiden und ablösen.

c
Sollen die Röschen dann, etwa für eine Beilage, im Ganzen gegart werden, die Stiele kreuzweise einschneiden, sonst werden sie nicht weich. Damit Rosenkohl appetitlich grün bleibt, sollte man ihn offen garen.

d
Will man die Röschen als Belag für eine Quiche oder einen anderen pikanten Kuchen verwenden, blanchiert man sie lediglich und halbiert sie, bevor man sie mit der Schnittstelle nach unten auf den Teig legt.

GEMÜSE

Rote Beten

garen und schälen

a
Von den Roten Beten evenutell noch vorhandenes Grün und Blattstängel abschneiden. Dabei die Knollen aber nicht verletzen.

b
Die Knollen in 45–60 Minuten in kochendem Wasser, im Locheinsatz im Dampf etwas länger, weich garen.

c
Rote Beten etwas abkühlen lassen, dann den Wurzelansatz abschneiden. Dabei eventuell Handschuhe tragen, da die Roten Beten stark färben.

d
Nun lässt sich die Haut mit einem Messer von der Schnittstelle ausgehend leicht abziehen, ohne dass der Saft ausläuft.

GEMÜSE

Rotkohl

Rotkohlgemüse

1 1,2 kg Rotkohl vorbereiten und schneiden wie unten gezeigt und beschrieben, in einen Topf geben.

2 1 Apfel schälen, das Kernhaus entfernen, den Apfel in dünne Spalten schneiden und zum Kohl geben. 2 EL Rotweinessig, Salz, 1 Prise Zucker sowie den Saft und die abgeriebene Schale von 1 unbehandelten Orange hinzufügen. Der Kohl mit der Faust etwas stampfen, damit er zarter wird.

3 6–8 weiße Pfefferkörner, 1 Nelke, 2 Pimentkörner, 4 Wacholderbeeren, 1 Lorbeerblatt und ¼ Zimtstange in ein Mullsäckchen oder in einen Teebeutel geben, diesen verschließen, in das Kohlgemüse legen. Alles mindestens 1 Stunde ziehen lassen.

4 200 g Zwiebeln schälen, in Ringe schneiden und in 100 g Gänseschmalz anschwitzen. Den Rotkohl zufügen und zugedeckt 15 Minuten bei schwacher Hitze schmoren.

5 350 ml Rotwein zugießen, 1 Kartoffel von etwa 60 g schälen, zum Rotkohlgemüse reiben und alles in weiteren 10–15 Minuten fertig garen.

Rotkohlgemüse passt gut zu Bratenfleisch (klassisch: Schweinebraten), zu dunklem Geflügel wie Ente und Gans, auch zu vielen Arten von Wildgeflügel.

Rotkohl schneiden

a Die äußeren Blätter entfernen und den Rotkohl vierteln. Von jedem Kohlviertel den Strunkkeil herausschneiden.

b Die Kohlviertel mit einem großen Gemüsemesser quer in feine Scheiben schneiden, die dann zu feinen Streifen zerfallen.

Salat

Eissalat zerlegen

a | Die lockeren Blätter abnehmen, dann den Salat mit dem Strunk auf eine Arbeitsplatte oder deren Kante schlagen.

b | Der Strunk lässt sich nun mühelos herausdrehen, und die Blätter können vorsichtig einzeln abgelöst werden.

Endiviensalat vorbereiten

a | Den Salat nach Belieben noch zusammenhängend vorputzen, d. h. unschöne obere Blattränder entfernen. Den Endiviensalatkopf dann in die einzelnen Blätter zerteilen.

b | Die Endivienblätter putzen, gründlich waschen und trockenschütteln Dann die Blätter – immer mehrere aufeinander gelegt – quer in feine Streifen schneiden.

GEMÜSE

Salat

Kopfsalat waschen

a
Den Stielansatz des Salatkopfes kreisförmig ausschneiden.
Den Kopf in die einzelnen Blätter zerteilen, diese putzen.

b
Die Salatblätter in einer Schüssel mit kaltem Wasser vorsichtig
schwenken, das Wasser zwei- bis dreimal wechseln.

c
Die Salatblätter in ein Sieb heben und durch kräftiges Hin- und Her-
drehen trockenschleudern oder eine Salatschleuder verwenden.

d
Eine andere Möglichkeit: Den Salat in ein sauberes Küchentuch locker
einschlagen und per Hand kräftig schleudern bzw. rütteln.

SALAT WASCHEN – **SCHWARZWURZELN** VORBEREITEN

Schwarzwurzeln

vorbereiten

a | Die Schwarzwurzeln unter fließendem kaltem Wasser gründlich abbürsten, sie sind meist recht erdig bzw. sandig.

b | Wurzelspitze und Blattansatz entfernen. Die Wurzeln mit dem Sparschäler dünn schälen und in 3–4 cm lange Stücke schneiden.

c | Schwarzwurzelstücke bis zum Garen in mit etwas Mehl und Essig versetztes Wasser geben, so verfärben sie sich nicht.

59

GEMÜSE

Sellerie, Knollensellerie

vorbereiten

a | Knollensellerie mit einer Bürste unter fließendem Wasser reinigen. Falls viel Erde anhaftet, den Sellerie vorher für kurze Zeit in Wasser einweichen.

b | Kleinere Knollen im Ganzen mit einem scharfen Messer in dicken Streifen abschälen. Große Exemplare vorher vierteln oder in Scheiben schneiden.

SELLERIE VORBEREITEN – **SPARGEL, GRÜNER** PUTZEN

Spargel, grüner

Spargelrisotto

1 Für 4 Personen 400 g grünen Spargel putzen wie unten gezeigt und beschrieben. Die Stangen in 3–4 cm lange Stücke schneiden.

2 Leicht gesalzenes, mit etwas Zitronensaft versetztes Wasser zum Kochen bringen und den Spargel darin zugedeckt bei mittlerer Hitze 8–10 Minuten kochen. Die Stangen herausheben und gut abtropfen lassen. Den Sud durch ein feines Sieb passieren, 600 ml abmessen und zur Seite stellen.

3 50 g Schalotten schälen, sehr fein hacken und in einem großen Topf in 40 g Butter glasig schwitzen. 300 g Risottoreis auf einmal zugeben, unter Rühren ebenfalls glasig werden lassen. Mit 250 ml trockenem Weißwein ablöschen, diesen verdampfen lassen.

4 250 ml heißen Kalbsfonds zugießen und köcheln lassen, bis die Flüssigkeit fast vollständig eingekocht ist. Zwischendurch immer wieder umrühren, damit der Reis nicht am Boden anhängt. Weitere 250 ml heißen Kalbsfond zugießen und langsam einkochen lassen, dabei den Risotto ständig rühren.

5 Den Spargel vorsichtig unterheben, einen Teil vom Spargelsud angießen. Alles bei schwacher Hitze köcheln lassen, bis der Reis weich ist. Gegebenenfalls nochmals etwas Spargelsud aufgießen. Der Risotto soll zum Schluss eine cremige Konsistenz haben.

6 Den Risotto salzen und pfeffern. Mit 60 g frisch geriebenem Parmesan bestreuen, 50 g Butterflöckchen darüber verteilen und den Topf schließen. Nach einigen Minuten beides vorsichtig unterrühren und den Risotto sofort servieren.

putzen

a | Nur wenn die Schale dick und unansehnlich ist, muss grüner Spargel wie sein weißer Verwandter geschält werden.

b | Üblicherweise genügt es, die Stielenden abzuschneiden und eventuell das untere Drittel der Stangen dünn abzuschälen.

61

GEMÜSE

Spargel, weißer

schälen und garen

a | Die Stangen mit dem Spargelschäler von oben nach unten schälen, das untere Ende abschneiden.

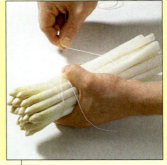

b | Die geschälten Spargelstangen zum praktischeren Garen mit Küchengarn zu Bündeln verschnüren.

c | Sind die Stangen unterschiedlich lang, sie an den Enden auf gleiche Länge zurechtstutzen.

d | Das Spargelbündel mit der Schaumkelle ins kochende, mit Salz, Zucker und etwas Zitrone (Zitronenscheibe) versetzte Wasser geben. Garzeit: 10–15 Minuten.

e | Spargel stehend kochen: Hohe schmale Töpfe mit Siebeinsatz schonen die zarten Spargelköpfe, die sonst beim Garen leicht abbrechen können.

SPARGEL SCHÄLEN UND GAREN – SPARGELSCHALEN KOCHEN

Spargel, weißer

Spargelschalen kochen

a | Spargelschalen ergeben, 15–20 Minuten ausgekocht, eine aromatische Basis für eine Suppe. Dazu aber den Spargel vor dem Schälen waschen.

b | Nach dem Auskochen die Schalen in ein Haarsieb abgießen und mit einem Kochlöffel die verbliebene Flüssigkeit gut herausdrücken.

GEMÜSE

Spinat

blanchieren

a | Reichlich Salzwasser aufkochen, den geputzten Spinat (im Bild Sommerspinat) hineingeben, kurz sprudelnd kochen.

b | Den Spinat in Eiswasser geben. Dadurch wird der Garprozess abrupt gestoppt, die intensiv grüne Farbe bleibt erhalten.

SPINAT BLANCHIEREN – **SPROSSEN** KEIMEN

Sprossen

keimen, im Einmachglas

a | Es werden ein Einmachglas, ein Stück Mull und ein Gummiband benötigt. Die Samen (im Bild Kichererbsen) in das Glas geben und mit lauwarmem Wasser bedecken.

b | Das Mulltuch über das Glas spannen, mit dem Gummiband fixieren und die Samen einige Stunden quellen lassen, dann das Wasser abgießen.

c | Samen gut durchspülen. Das Mulltuch überstülpen, das Glas mit der Öffung schräg nach unten stellen. Keimdauer: 3–5 Tage. Zweimal täglich spülen.

keimen, im Keimgerät

a | Die eingeweichten Samen (im Bild Getreidekörner) in ein Sieb geben und mit kaltem Wasser abbrausen.

b | Die gewünschte Menge in die Keimbox füllen, die auf beiden Seiten einen Sieb-Schraubverschluss hat.

c | Die Samen mit Wasser bedecken, überschüssiges Wasser kann durch den Verschluss ablaufen.

65

GEMÜSE

Stangensellerie

vorbereiten

a
Von der Staude den oberen, verästelten und beblätterten Teil abschneiden. Die Blätter nicht wegwerfen. Die Staude unten glatt schneiden.

b
Die Fasern außen an den Stangen mit Hilfe von Messer und Daumen oder auch mit einem Sparschäler entfernen. Die Stangen waschen.

c
Selleriestangen, die als Beilage gereicht werden, im Ganzen oder quer halbiert garen. Will man das Gemüse im Salat servieren oder pfannengerührt, die Stangen quer in feine Scheibchen schneiden.

d
Die Blätter des Stangenselleries können zum Würzen und Garnieren verwendet werden. Vorher waschen, trockenschütteln und je nach Verwendung fein scheiden.

STANGENSELLERIE VORBEREITEN – TOMATEN HÄUTEN

Tomaten

klein schneiden

a | Tomaten durch den Stielansatz halbieren. Bei beiden Hälften den Stielansatz keilförmig herausschneiden.

b | Die Tomatenhälften dann je nach Verwendung in mehr oder weniger dicke Spalten schneiden ...

c | ... oder – um sie beispielsweise in Schmorgerichten oder Saucen mitzugaren – klein würfeln.

häuten

a | Bei den Tomaten die Haut unten kreuzförmig einritzen. Die Früchte in kochendem Wasser kurz überbrühen, herausheben.

b | Die Tomaten kurz abkühlen lassen, den Stielansatz kreisförmig herausschneiden, dann von dort beginnend die Haut abziehen.

c | Tomaten vierteln. Je nach Rezept die Samen mit der geleeartigen Flüssigkeit entfernen. Das Fruchtfleisch klein schneiden.

GEMÜSE

Topinambur

vorbereiten

a | Die Knollen unter fließendem kaltem Wasser mit einer Bürste säubern und alle Erdreste abschrubben.

b | Die Knollen wenige Minuten in sprudelnd kochendem Wasser blanchieren, dann kalt abschrecken.

c | Die Haut lässt sich jetzt gut mit dem Küchenmesser abziehen. Die Knollen nach Rezept weiterverarbeiten.

TOPINAMBUR VORBEREITEN – **TRÜFFELN** VERWENDEN

Trüffeln

zum Veredeln von Gerichten verwenden

Die schwarze **Perigord-Trüffel** wie auch die weiße **Piemont-Trüffel** lassen sich nach wie vor nicht mit befriedigendem Erfolg züchten. Liebhaber ihres exquisiten Geschmacks sind daher immer noch bereit, ein kleines **Vermögen** für die walnuss- bis apfelgroßen kulinarischen Kostbarkeiten auszugeben.

Allerdings entfalten schon ein paar **Trüffelscheibchen** auf einem fertigen Gericht – zum Beispiel auf einem **Pasta- oder Reisgericht,** aber auch auf **gebratenem** zartem Fleisch, ein unwiderstehliches Aroma.

Echte Trüffeln bekommt man von Dezember bis Mitte März. Beste **Qualitiät** wird aus **Frankreich** geliefert, aber auch in Italien, Spanien und Bulgarien werden Trüffeln gesucht und vermarktet.

Die schwarze **Sommertrüffel** – innen genau wie die Perigord-Trüffel von weißlich-grauen Adern durchzogen – ist zwar nicht ganz so aromatisch, dafür aber **erschwinglicher**. Man bekommt sie auch außerhalb der Saison **eingelegt**.

Frische Trüffeln halten sich einige Tage gut in einer Schüssel mit **Sand** oder in weiches Papier eingewickelt im **Kühlschrank.** Man kann sie aber auch luftdicht verpackt **einfrieren** und so bis zu 1 Jahr lagern.

Trüffeln vorbereiten, hobeln

a Die Trüffeln vor der Verwendung sorgfältig von Erdresten befreien.

b Sehr fein hobeln kann man Trüffeln mit einem speziellen Trüffelhobel.

GEMÜSE

Zucchini

vorbereiten

a | Zucchini werden häufig vor dem Garen in mehr oder weniger dicke Scheiben geschnitten. Mit dem Buntmesser sehen diese besonders attraktiv aus.

b | Für dekorative Zucchinifächer die Stücke so in feine Scheiben schneiden, dass sie an einer Seite noch zusammenhalten, dann blanchieren.

c | Um relativ feine Stifte zu erhalten, das Gemüse so in lange schmale Stücke schneiden, dass an jedem noch etwas Schale verbleibt.

d | Will man Zucchini füllen, eignet sich ein Kugelausstecher perfekt zum Aushöhlen des Fruchtfleisches, es geht aber natürlich auch mit einem Löffel.

ZUCCHINI VORBEREITEN – **ZWIEBELN** GLASIEREN

Zwiebeln

glasieren

Glasieren ist eine vorzügliche Methode aus der klassischen Küche, vielen Gemüsearten ihre besten Seiten abzugewinnen. Besonders gut eignet sich dafür stärke- und zuckerhaltiges Gemüse wie Möhren, Kohlrabi, kleine milde Zwiebelchen und Wasserkastanien – dazu werden lediglich Butter, Zucker und etwas Salz sowie Wasser oder Fond zum Ablöschen benötigt. Der beim Anschwitzen austretende stärkehaltige Saft verbindet sich mit Zucker und Butter zu einer Art Sirup, der das gegarte Gemüse überzieht und schön glänzen lässt. In den Steps unten wird das Grundrezept für glasierte Zwiebeln in Text und Bild vorgestellt.

Zwiebeln glasieren

a | 400 g kleine Zwiebeln schälen. 300 g Butter in einer Kasserolle zerlassen, 15 g Zucker darin leicht bräunen. Zwiebeln zugeben, die Hitze reduzieren.

b | Die Zwiebeln unter ständigem Rühren leicht Farbe nehmen lassen. 100 ml Kalbsfond (fertig gekauft oder nach dem Rezept auf Seite 380/381) zugießen.

c | Die Zwiebeln etwa 15 Minuten garen, gelegentlich rühren. Das Gemüse salzen und unter Rühren noch kurz fertig glasieren, bis es appetitlich glänzt.

ZWIEBELN IN RINGE SCHNEIDEN – WÜRFELN Z

Zwiebeln

in Ringe schneiden

a | An der Spitze der Zwiebel einen kleinen Deckel abschneiden und ausgehend von dort die trockenen Häute entfernen.

b | Die Zwiebel quer in dünne Scheiben schneiden. Dabei mit einem sehr scharfen Messer arbeiten, sonst entgleitet die Zwiebel leicht.

c | Die Zwiebelscheiben in die einzelnen Ringe zerlegen. So eignen sie sich u. a. roh als Zutat und Garnitur, etwa für Wurstsalate.

würfeln

a | Die Zwiebel längs halbieren, die Schnittfläche auflegen. In kurzen Abständen senkrecht bis knapp vor den Wurzelansatz einschneiden.

b | Parallel zur Arbeitsfläche bis kurz vor der Wurzel einschneiden, dabei darauf achten, daß die Zwiebel noch zusammenhält.

c | Senkrecht in mehr oder weniger dünne Scheiben schneiden, die in entsprechend mehr oder weniger feine Würfel zerfallen.

Obst
von Ananas bis Zwetsche

OBST

Ananas

schälen

a | Die Frucht mit einem schweren scharfen Messer von oben nach unten arbeitend relativ dünn schälen.

b | Die »Augen«, am besten mit einem Sägemesser, diagonal und keilförmig schneidend entfernen.

c | So vorbereitet ist eine ganze Ananas eine attraktive Dekoration, etwa auf einer Obstplatte.

Schiffchen schneiden

a | Die Ananas längs halbieren, jede Hälfte in drei Spalten schneiden. Jeweils die holzige Mittelleiste entfernen.

b | Das Fruchtfleisch entlang der Schale ablösen, dabei großzügig Fruchtfleisch an der Schale lassen.

c | Das Ananasfruchtfleisch in der Schale quer in Scheiben schneiden, diese versetzt nach außen ziehen.

Äpfel

Apfelmus

1 ½ kg Äpfel schälen, vierteln, das Kernhaus entfernen (siehe auch Seite 78). Das Fruchtfleisch klein schneiden, in einen Topf geben.

2 Schale von ½ unbehandelten Zitrone dazureiben und 170 g Zucker zugeben. Weiterverfahren wie in Step a und b unten beschrieben.

3 1 EL Zitronensaft, 2 cl Calvados und zuletzt 30 g Butter einrühren, so dass ein glattes Mus entsteht. Das fertige Apfelmus vor dem Servieren abkühlen lassen.

4 Wenn das Apfelmus allerdings nicht sofort serviert werden soll, es kochend heiß in sterile Einmach- oder Twist-Off-Gläser abfüllen und diese sofort dicht verschließen.

Apfelmus schmeckt zum Dessert sowie zu süßen Mehlspeisen wie Pfannkuchen oder Dampfnudeln. Es ist außerdem klassische Beilage zu Kartoffelpuffern.

a
Äpfel, Zitronenschale und Zucker im Topf zugedeckt zum Kochen bringen.

b
Bei reduzierter Hitze zugedeckt 30 Minuten köcheln, öfter umrühren.

OBST

Äpfel

schälen und vorbereiten

a
Sollen Äpfel vor dem Verarbeiten geschält werden, verwendet man am besten einen Sparschäler. Die Schale damit spiralförmig abschneiden.

b
Will man die Äpfel anschließend in Ringe schneiden oder Bratäpfel (aus ungeschälten Äpfeln) zubereiten, das Kernhaus mit einem speziellen Kernhausausstecher entfernen.

c
Soll das Fruchtfleisch klein geschnitten werden, beispielsweise für Obstsalat, Kuchenbelag oder Kompott, den Apfel (geschält oder ungeschält) zunächst vierteln.

d
Von jedem Apfelviertel das Kernhaus entfernen sowie eventuelle Stiel- und Blütenreste abschneiden, das Fruchtfleisch je nach Rezept in Stücke oder Spalten schneiden.

Äpfel

trocknen

a | Die Äpfel schälen und das Kernhaus entfernen wie auf Seite 78 in Step b gezeigt. Dann quer in gleichmäßige, etwa 8 mm dicke Scheiben schneiden.

b | Die Apfelscheiben auf den Backofenrost legen, so ist eine gute Luftzirkulation gewährleistet, und in den Ofen schieben. Den Ofen auf 40–50 °C Umluft einstellen.

c | Die Backofentür einen Spalt offen lassen und die Apfelringe über Nacht trocknen. Luft- und lichtgeschützt, am besten in Schraubdeckelgläsern, aufbewahren.

Birne

fächern

a | Birnen lassen sich gut mit dem Sparschäler schälen. Dann die Früchte halbieren und das Kernhaus entfernen (siehe unten).

b | Die Birnenhälften von unten beginnend längs im Abstand von 3 mm bis etwa 1 cm vor den Stielansatz einschneiden.

c | Birnenhälften mit dem Messer etwas flach drücken, so dass die Spalten kippen und ein dekorativer Fächer entsteht.

füllen (Birnenhälften)

a | Zum Füllen und Gratinieren geschälte Birnen halbieren und das Kernhaus mit einem Kugelausstecher entfernen.

b | Die Birnenhälften in eine ofenfeste Form setzen und mit einer Mischung z. B. aus Eigelb, Quark, geriebenem Gouda und Zitrone füllen.

BIRNE FÄCHERN – **DATTELN** FÜLLEN

Dateln

füllen

a | Mit einem spitzen, kleinen Messer die Datteln auf einer Seite längs bis zum Kern aufschneiden. Die Öffnung aufdrücken und den Kern mit der Messerspitze herauslösen, den Stielansatz entfernen.

b | Die Früchte mit länglich vorgeformter Marzipanfüllung, z. B. einer Marzipan-Pistazien-Masse, füllen. Das Fruchtkonfekt nach Belieben ganz oder teilweise mit Schokolade überziehen (siehe unten).

E OBST

Erdbeeren

vorbereiten

a | Erdbeeren beim Vorbereiten sehr behutsam behandeln: Die Früchte in einem Sieb abbrausen oder vorsichtig und nur ganz kurz in lauwarmem Wasser waschen, dann abtropfen lassen.

b | Mit einem spitzen kleinen Messer die Kelche entfernen, unschöne Stellen an den Früchten wegschneiden. Die Erdbeeren dann nach Rezept ganz lassen, halbieren oder in Scheiben schneiden.

ERDBEEREN VORBEREITEN – **FEIGEN** ZERTEILEN UND SCHÄLEN

Feigen

schälen und zerteilen

a | Den Stiel abschneiden und die Haut der Feigen von der Schnittstelle her beginnend vorsichtig abziehen.

b | Die Feigen längs halbieren und jede Hälfte in dünne Schnitze teilen. Diese z. B. als Kuchen- oder Tartebelag verwenden.

zerteilen und schälen

a | Zweite Möglichkeit: Den Stielansatz der Früchte abschneiden, die Feigen mit einem scharfen Messer längs vierteln.

b | Bei jedem Viertel mit dem Messer zwischen Fruchtfleisch und Schale entlangfahren und das Fruchtfleisch ablösen.

83

Granatapfel

auspressen

a | Granatäpfel lassen sich dank ihrer Form und saftigen Fruchtkerne wie Zitronen entsaften. Dazu die Früchte halbieren, ...

b | ... vorsichtig auf die Zitruspresse setzen (es kann spritzen, der rote Saft hinterlässt braune Flecken) und auspressen.

Kerne auslösen

a | Möchte man die Granatapfelkerne im Ganzen auslösen, von der Frucht am Kelchansatz einen Keil herausschneiden.

b | Den Granatapfel mit leichtem Druck in große Stücke auseinanderbrechen, und die Samenkerne fallen heraus.

GRANATAPFEL AUSPRESSEN – **HAGEBUTTEN** ENTKERNEN

Hagebutten

entkernen

a | Die Hagebutten waschen, trockentupfen und mit einem scharfen Messer längs durchschneiden.

b | Die Samen sorgfältig aus den Früchten entfernen; das geht am besten mit einem kleinen Kugelausstecher.

H OBST

Haselnüsse

rösten und häuten

a | Den Ofen auf 200 °C vorheizen. Die Haselnüsse locker auf ein Backblech streuen, in den Backofen schieben.

b | Die Nüsse kurz rösten, bis die braunen Samenschalen aufplatzen, auf einem Küchentuch etwas abkühlen lassen.

c | Nun lassen sich die Schalen leicht vollständig abreiben. Dazu immer eine Hand voll Nüsse im Tuch gegeneinander reiben.

HASELNÜSSE RÖSTEN, HÄUTEN – **HIMBEEREN** EINFRIEREN

Himbeeren

einfrieren

a | Die Beeren waschen, trockentupfen und dann einzeln auf einer mit Folie belegten Unterlage (Küchenbrett, Platte) einfrieren. So gefrieren sie weder an der Unterlage noch aneinander fest.

b | Die vollständig durchgefrorenen Beeren in eine Gefrierdose geben, man kann sie dann einzeln entnehmen. Beeren für Fruchtsaucen können auch bereits fertig püriert eingefroren werden.

87

H OBST

Himbeeren

Sirup zubereiten

Himbeersirup wird aus kaltgepresstem Saft hergestellt.

1 1 kg Himbeeren vorsichtig waschen und trockentupfen. Die Beeren grob zerdrücken und über Nacht kalt stellen.

2 Am nächsten Tag das Himbeerpüree in ein Baumwolltuch geben, gründlich auspressen wie in den Steps unten gezeigt und beschrieben.

3 Für einen leichten Himbeersirup 500–600 ml Saft mit 250 g Zucker behutsam erhitzen, bis sich der Zucker gelöst hat. Für einen schweren Sirup 500 g Zucker auf diese Menge Saft nehmen.

4 Einen Backpinsel in heißes Wasser tauchen und damit die Zuckerkristalle vom Topfrand wischen. Den Sirup zum Kochen bringen, die Hitze reduzieren und den Topf halb von der Kochstelle ziehen. Den

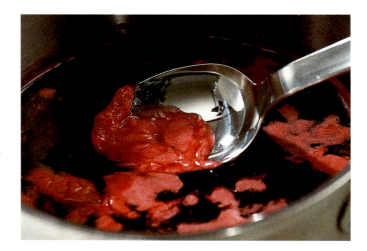

Schaum wiederholt abschöpfen (siehe das große Bild).

5 Den Sirup noch sehr heiß in saubere Flaschen füllen, diese sofort verschließen. Langsam abkühlen lassen.

a

b

a Ein Sieb mit einem Baumwolltuch auslegen. Das Fruchtpüree hineinschütten.

b Das Tuch an den Ecken aufnehmen und zusammendrehen. Das Püree gut auspressen.

Jackfrucht

vorbereiten

a | Die große Frucht zunächst quer halbieren und die im Inneren eingebetteten »Einzelfrüchte« herauslösen.

b | Die Fruchtsegmente dann sorgfältig von der sie umgebenden harten Faserschicht befreien.

c | Die Segmente anschließend längs halbieren und die (ungenießbaren) braunen Kerne entfernen.

JOHANNISBEEREN GELEE HERSTELLEN

Johannisbeeren

Gelee herstellen (ohne Entsafter)

1 1 kg rote Johannisbeeren in stehendem Wasser waschen, gut abtropfen lassen und mit einer Gabel vorsichtig von den Rispen streifen.

2 Die Beeren mit ⅛ l Wasser und 50 g Zucker in einem Topf unter Rühren aufkochen lassen. Weiterverfahren wie in den Steps unten gezeigt und beschrieben.

3 Die Mischung 2–3 Minuten sprudelnd kochen lassen. Den Schaum abnehmen und die Gelierprobe machen: Dafür einen Löffel abnehmen, auf einen kalten Teller geben und kurz anziehen lassen. Die Masse mit dem Löffel zusammenschieben. Wenn sich dabei auf der Oberfläche Fältchen bilden, ist der Gelierpunkt erreicht (siehe Step f auf Seite 109).

4 Das Johannisbeergelee heiß in die vorbereiteten Gläser füllen, verschließen und auskühlen lassen; kühl und dunkel lagern.

a

b

a
Die Johannisbeeren durch ein mit einem Tuch ausgelegtes Sieb gießen und ablaufen lassen. Die Saftmenge abmessen.

b
Den Saft in einen Edelstahltopf gießen. Ebenso viel Gelierzucker, wie es Saft ergeben hat zugeben. ⅛ l Cream Sherry zufügen und unterrühren.

91

OBST

Kaktusfeige

schälen

a | Die Frucht vorsichtig längs zwischen Daumen und Zeigefinger nehmen. Die Schale oben und unten rundum sowie einmal längs einschneiden.

b | Nun die Schale am Längsschnitt mit dem Messer abheben, mit dem Daumen an einer stachelfreien Stelle festhalten und rundum abziehen.

KAKTUSFEIGE SCHÄLEN – **KARAMBOLE** VOR- UND ZUBEREITEN

Karambole
vor- und zubereiten

Die Karambole ist eine fleischige Beerenfrucht aus den Tropen. Erst grün, verfärbt sie sich später gelb. Reif ist sie süß und leicht säuerlich im Geschmack, aber mit wenig Eigenaroma. Man isst sie vor allem frisch, oft stellt sie aber auch auf Obsttellern, in Bowlen, auf kalten Platten eine essbare Dekoration dar.

Hier eine eher ungewöhnliche, nicht nur optisch attraktive, sondern auch sehr schmackhafte Art, Karambolen zu servieren: als hauchdünne, gezuckerte Chips:

1 1 Karambole waschen und quer in hauchdünne Scheiben schneiden, das geht am besten mit der Aufschnittmaschine.

2 Die Fruchtscheiben vorsichtig nebeneinander auf ein mit Dauerbackfolie ausgelegtes Blech legen.

3 Die Scheiben gleichmäßig und nicht zu dick mit Puderzucker bestauben. Das Blech auf der mittleren Einschubleiste in den auf 60 °C vorgeheizten Ofen schieben.

4 Die Karambolen-Chips bei leicht geöffneter Ofentür 6–8 Stunden trocknen lassen, nach der Hälfte der Zeit wenden.

Man kann die Karambolen auch mit Birnenscheiben – ungeschält längs mit Kernhaus hauchdünn aufgeschnitten – kombinieren. Gezuckerte Früchte sollte man am Tag der Zubereitung verbrauchen, sie ziehen rasch Feuchtigkeit.

Karambolensterne servieren

a | Karambole ist aufgeschnitten recht dekorativ. Eventuell vorher bräunlich verfärbte Rippenkanten mit einem Messer entfernen.

b | Karambolen-Chips sind wunderschöne Garnituren für Desserts, Getränke, Gebäck und exotisch-pikante Gerichte.

K OBST

Kastanien

Edelkastanien

Edelkastanien sind heute in allen wärmeren Gebieten Europas verbreitet. In der **stacheligen** Hülle der Früchte sitzen mehrere **braunrote Nüsse,** deren Schale vor dem Verzehr **entfernt** werden muss. Das geht sehr gut durch **Backen** im Ofen oder über dem **Feuer.** Dabei werden die Kastanien gleichzeitig **süß** und können pur oder für **Füllungen,** Kuchen und Desserts verwendet werden.

Kastanien rösten

a | Kastanien an der Spitze mit einem scharfen Messer kreuzweise einschneiden, auf ein Backblech legen und für 10–15 Minuten in den 220 °C heißen Ofen schieben.

b | Kastanien backen, bis die Schale richtig aufgesprungen ist. So lässt sie sich mit dem Messer gut entfernen. Die heißen Nüsse dabei mit einem Tuch festhalten.

KASTANIEN RÖSTEN – **KIWI** VORBEREITEN

Kiwi

vorbereiten

a | Je nach Rezept oder Weiterverwendung kommt man an das aromatisch süßsäuerliche Fruchtfleisch von Kiwis, indem man sie mit einem scharfen Messer dünn schält. So kann man die Kiwi anschließend in Stücke oder Scheiben schneiden.

b | Oder man löst das Fruchtfleisch mit einem Löffel aus. Das geht aber nur mit reifen, relativ weichen Früchten. Von Kiwihälften mit einem kleinen Löffel vorsichtig rundum das Fruchtfleisch von der Schale lösen.

c | Mit dem Löffel kreisend bis nach unten arbeiten. Nun kann man das Fruchtfleisch leicht aus der Schale heben. Diese Methode eignet sich gut, wenn ganze oder halbierte Kiwis zum Dessert serviert werden.

OBST

Kokosnuss

Kokosmilch herstellen

a
Mit einer feinen Reibe das aus einer Kokosnuss ausgelöste Kokosfruchtfleisch in die Schüssel mit dem vor dem Öffnen (siehe rechts) aufgefangenen Kokoswasser reiben. Oder das Fruchtfleisch würfeln, im Mixer pürieren und zum Kokoswasser geben.

b
Die Mischung mit ½ l kochender Milch oder Wasser übergießen. In eine Kasserolle umfüllen, kurz aufkochen und 2–3 Stunden ziehen lassen.

c
Eine Schüssel mit einem Passiertuch auslegen und die Kokosmischung einfüllen. Das Tuch zu einem »Beutel« zusammenfassen.

d
Mit der einen Hand den Beutel halten, mit der anderen fest zudrehen, bis die Flüssigkeit restlos herausgedrückt ist. Kokosmilch eignet sich zur Herstellung von asiatischen Desserts, Saucen und natürlich Currys.

KOKOSNUSS MILCH HERSTELLEN – NUSS ÖFFNEN   K

Kokosnuss

öffnen

a | In zwei der »Augen«, das sind die dünnsten Schalenstellen, mit Nagel und Hammer Löcher klopfen. Das Kokoswasser herauslaufen lassen und auffangen.

b | Die Kokosnuss halbieren. Dazu benötigt man eine Holzsäge, denn die Schale ist hart wie Holz. Die runde Nuss ist schwer zu halten; auf die Finger aufpassen!

c | Aus den Hälften das saftige Kokosfleisch ausbrechen: Dazu mit einem kurzen Messer mit starker Klinge zwischen Schale und Fruchtfleisch einstechen.

OBST

Litchis

schälen

a | Die ledrigen, leicht brüchigen Schalen der Litschis mit einem flach gehaltenen kleinen, spitzen Messer ablösen.

b | Das Fruchtfleisch längs einmal oder mehrmals einschneiden, aufklappen und den – ungenießbaren – Kern herauslösen.

LITICHIS SCHÄLEN – **MANDELN** ZERKLEINERN

Mandeln

häuten

a | Die Mandeln in kochendes Wasser geben und darin kurz ziehen lassen.

b | So wird die braune Samenhaut weich. Die Mandeln abgießen, kalt überbrausen.

c | Die hellen Kerne aus der nun nur locker anliegenden Haut drücken.

zerkleinern

a | Gehäutete Mandeln benötigt man für Mandelstifte – hier sähe die braune Haut unschön aus – ...

b | ... oder auch für gehackte Mandeln, die z. B. für helle Desserts oder für feines Gebäck verwendet werden.

99

OBST

Mango

auslösen

a | Die Frucht längs in drei Teile schneiden: Man erhält zwei Fruchtfleisch-»Backen« und den schmalen Mittelteil mit dem Kern.

b | Aus den »Backen« das Fruchtfleisch mit einem Löffel auslösen; ihn flach halten und dicht an der Schale entlangschneiden.

c | Das Fruchtfleisch aus der Schale heben und je nach Verwendung in Scheiben, Streifen, Würfel oder Spalten schneiden.

d | Vom Mittelstück mit dem Stein die Schale ringsum dünn abschneiden – so geht nur relativ wenig Fruchtfleisch verloren.

e | Den Stein mit der Gabel auf ein Schneidebrett drücken. Mit einem Messer das anhaftende Fruchtfleisch abstreifen.

f | Die Ausbeute an Mangofruchtfleisch ist bei dieser Methode optimal. Übrig bleiben nur die äußere, Schale und der Kern.

MANGO AUSLÖSEN – SERVIEREN   M

Mango

servieren

a | Die Fruchtfleisch-»Backen« vom Stein schneiden. Dann das Fruchtfleisch längs und quer einschneiden, dabei die Schale aber nicht mit durchtrennen.

b | Die Mangobacke »umstülpen«. So können die einzelnen Fruchtfleischwürfel leicht mit einem Löffel von der Schale abgelöst und pur verzehrt werden.

OBST

Melone

aushöhlen

a
Um kleine Melonen in dekorative Gefäße zu verwandeln, eine runde Ausstechform aufsetzen. Mit einem schmalen Messer im Zick-Zack-Schnitt am Rand entlang bis zur Mitte einschneiden.

b
Jetzt lässt sich das obere Drittel der Frucht leicht abheben. Mit einem Löffel die Kerne aus »Deckel« und Melonen-Unterteil entfernen.

Kugeln ausstechen

a
Kleinere Melonen, z. B. Zuckermelonen, halbieren, größere, wie Wassermelonen, in breiten Spalten oder quer in Scheiben schneiden. Mit einem Löffel die Kerne entfernen.

b
Mit dem Kugelausstecher kleine Kugeln aus dem Fruchtfleisch lösen. Sie eignen sich für Obstsalate, Bowlen und als Dekoration.

MELONE AUSHÖHLEN – **NÜSSE** ZERKLEINERN

Nüsse

zerkleinern

a | Von Hand mit dem Messer kann man Nüsse mehr oder weniger fein hacken. Besonders gut geht das mit relativ weichen Nüssen, z. B. Walnüssen.

b | Von grob bis mittelfein kann man Nüsse im elektrischen Mixer zerkleinern. Dabei nicht zu viele Nüsse auf einmal nehmen, damit das Ergebnis gleichmäßig wird.

c | Soll es besonders fein sein, enthäutete Nüsse in der Nussmühle zu Mehl mahlen (reiben). In dieser Form sind Nüsse häufig Zutat zu Kuchenteigen.

Obst

einkochen, im Backofen

a | Apfelviertel möglichst dicht in vorbereitete Einmachgläser einfüllen. Jeweils so viele Zimtstangenstücke, Sternanis, Gewürznelken und Zitronenschalenstücke wie Gläser vorhanden sind, bereitlegen.

b | Die Gewürze auf alle Gläser verteilt oben auf die Äpfel legen. 350 g Zucker mit je ½ l Weißwein und Wasser aufkochen, den Zucker auflösen lassen. Den abgekühlten Sud über die Äpfel gießen.

c | Die Gläser so in die Fettpfanne stellen, dass sie sich nicht berühren. Die Fettpfanne 2 cm hoch mit Wasser füllen, in die unterste Schiene des Backofens schieben. Die Temperatur auf 175 °C einstellen.

d | Sobald in den Gläsern Bläschen aufsteigen, den Backofen ausschalten und das Obst 30 Minuten darin garen lassen. Das Kompott in den Gläsern auf einem Gitter abkühlen lassen.

Obst

einkochen, im Topf

a
Zum Einkochen im Topf braucht man einen Spezialtopf mit Einlegegitter, Gläser mit Deckel, Gummiring und Klammer sowie einen Glasheber (hinten im Bild).

b
Viertel von 2 kg Birnen mit ¾ l Rotwein, 250 g Zucker, 1 Zimtstange und 2 Gewürznelken einige Minuten kochen lassen. Über Nacht durchziehen lassen. Die Rotweinbirnen dicht an dicht in die vorbereiteten Einmachgläser einschichten.

c
Gewürze aus dem Weinsud entfernen und diesen erhitzen. Die Birnen mit dem heißen Sud übergießen. Die Gläser mit dem Gummiring, Glasdeckel und den Klammern noch heiß verschließen.

d
Mit dem Glasheber das heiße Glas herausheben, abkühlen lassen und erst dann die Klammern vom Deckel entfernen.

Obst

schneiden

a | Zum Weiterverwenden oder Servieren in Schnitzen mit Schalenanteil eignen sich v. a. festfleischige Obstsorten.

b | Quer in Scheiben schneidet man rundliches, kleines bis mittelgroßes Obst wie Kiwis oder auch Erdbeeren.

c | In Würfel geschnitten kann man das Fruchtfleisch von großem Obst servieren, dessen Schale nicht essbar ist, z. B. von Wassermelonen und Mangos.

d | Sofern das Fruchtfleisch von Obst nicht zu weich, aber dennoch zart und ohne Fasern ist, kann man daraus auch dekorative Kugeln ausstechen.

Obst

Konfitüre herstellen

a
Am Beispiel Nektarinen-Pflaumen-Konfitüre: Je 1 kg Nektarinen und Pflaumen häuten (siehe Seite 111), entsteinen und klein würfeln. Die Früchte in einem Topf mit 1 kg Gelierzucker vermengen.

b
Die Früchte 4–5 Stunden Saft ziehen lassen. Den Saft von 1 Zitrone, 6 cl Mandellikör und noch 1 kg Gelierzucker zufügen.

c
Alles unter Rühren zum Kochen bringen und die Mischung 3–4 Minuten sprudelnd kochen lassen.

d
Den sich stark bildenden Schaum mit einem großen Löffel oder Schaumlöffel wiederholt abschöpfen.

OBST KONFITÜRE HERSTELLEN

e
Für die Gelierprobe einen Löffel Konfitüre abnehmen, auf einen kalten Teller geben und kurz anziehen lassen.

f
Der Gelierpunkt ist erreicht, wenn sich auf der Oberfläche beim Zusammenschieben mit einem Löffel Fältchen bilden.

g
Konfitüre in saubere, mit kochend heißem Wasser ausgespülte, abgetropfte Gläser füllen und verschließen.

h
Die Gläser abwischen, umgedreht auf ein Tuch stellen. Wiederholt umdrehen, so verteilen sich die Fruchtstückchen.

OBST

Papaya

vorbereiten

a | Die Schale dünn abschälen, das geht sehr gut mit einem Sparschäler. Die Frucht längs halbieren.

b | Mit einem Löffel die Kerne herausheben. Sie können getrocknet und wie Pfeffer verwendet werden.

c | Die Papayahälften mit der Schnittfläche nach unten längs in Spalten schneiden und servieren.

Pfirsiche

häuten

a | Die Früchte kurz in kochendes Wasser tauchen und wieder herausheben.

b | Nun lässt sich die Haut mit Hilfe eines Messers gut von den Pfirsichen abziehen.

vom Kern lösen

a | Den Pfirsich waschen, trocknen und das Fruchtfleisch längs rundum bis auf den Kern einschneiden.

b | Die Hälften gegeneinander drehen, so löst sich der Kern von einer Pfirsichhälfte; ihn aus der anderen herausheben.

P OBST

Pflaumen

Mus herstellen

Pflaumenmus bekommt seinen typischen Geschmack nur durch langes Einkochen. Wichtig: Es müssen vollreife, süße, spät geerntete Früchte (am besten Zwetschen) sein. Die stark wasserhaltigen Sorten eignen sich hierfür nicht, man muss schon auf das Angebot im September oder Oktober warten. Pflaumenmus kann man entweder bei kleinster Hitze unter ständigem Rühren auf dem Herd köcheln oder auch im Backofen garen. Das fertige Pflaumenmus muss von dunkler Farbe und von einer festen, zähflüssigen Konsistenz sein (Bild rechts).

1 1½ kg Pflaumen gut waschen, trocknen, entsteinen und zerkleinern (entweder hacken oder durch den Fleischwolf drehen; siehe Step a).

2 Das Mus in einen Topf geben, 250 g Zucker, ¼ TL gemahlene Nelken, ½ TL Zimtpulver und 1 Stück unbehandelte Zitronenschale unterrühren (Step b). Das Mus bei geringer Hitze und unter häufigem Rühren 4–5 Stunden einkochen. Das Pflaumenmus in vorbereitete Schraubdeckelgläser füllen und diese sofort verschließen.

Eine Variante: Zerkleinerte Pflaumen mit Gewürzen in der Fettpfanne des Backofens bei 180 °C auf der mittleren Schiene in den vorgeheizten Ofen schieben. Nach 15 Minuten die Ofentür etwas öffnen. Das Mus ab und zu durchrühren, nach 3–4 Stunden hat es die richtige Konsistenz und kann in Gläser gefüllt werden. Diese sofort verschließen.

a
Die entsteinten Pflaumen durch die kleine Scheibe des Fleischwolfs drehen.

b
Unter das Pflaumenmus Zucker und Gewürze rühren.

OBST

Quitten

vorbereiten

a
Unsere heimischen Quitten eignen sich nicht zum Rohverzehr; ihr Fruchtfleisch ist zu hart und zu säuerlich. Vor der Verarbeitung mit einem Küchentuch sorgfältig den feinen, haarigen Flaum abreiben.

b
Da ein Halbieren der Länge nach bei Quitten schwierig ist, schneidet man das Fruchtfleisch nicht mittig durch, sondern am besten von allen vier Seiten neben dem Kernhaus ab. Aus dem Fruchtfleisch kann man Gelee und Kompott, herbfruchtige Beilagen und Konfekt herstellen.

c
Etwas Kraft braucht man zum Durchtrennen des Kernhauses und der nebenliegenden Steinzellen, doch nur so gelangt man an die Kerne, die reich an heilend wirkenden Schleimstoffen sind.

d
8 Teile Wasser mit 1 Teil unzerkleinerten Kernen angesetzt ergibt nach 15 Minuten eine Art Gelee, das äußerlich angewendet Sonnenbrand, rissige Haut und Abschürfungen lindert. Innerlich angewendet hilft die geleeartige Flüssigkeit bei Magenschleimhautentzündung, Halsweh, Husten und Bronchitis.

QUITTEN VORBEREITEN – **RHABARBER** VORBEREITEN

Rhabarber

vorbereiten

a | Von den Rhabarberstangen die Blattansätze und die unteren Blattschäfte abschneiden.

b | Die dünne Haut mit den daransitzenden harten Fäden möglichst vollständig abziehen.

c | Den Rhabarber klein schneiden und dabei eventuell noch verbliebene Fäden entfernen.

OBST

Sorbet

mit der Maschine zubereiten

a | Hier am Beispiel Himbeersorbet: 500 g Himbeeren pürieren, mit 100 ml frisch gepresstem Orangensaft durch ein Sieb streichen.

b | 160 g Zucker mit 300 ml Wasser aufkochen, den Zucker vollständig auflösen lassen. Den abgekühlten Sirup einrühren.

c | Die Himbeermasse in der Sorbetière (Eismaschine) zu einem cremigen Sorbet gefrieren lassen, möglichst sofort servieren.

SORBET MIT DER MASCHINE ZUBEREITEN – VON HAND ZUBEREITEN

von Hand zubereiten

a
Am Beispiel Sauerkirschsorbet: 180 g Zucker mit 300 ml Wasser und 1 Stück Zimtrinde (ca. 5 cm) aufkochen, den Zucker vollständig auflösen lassen, den Sirup abkühlen lassen.

b
500 g frische Sauerkirschen waschen, entsteinen und im Mixer pürieren. Den Saft von ½ Zitrone und den abgekühlten Zuckersirup unterrühren. Die Mischung in einer Schüssel mit großem Durchmesser im Gefriergerät 30 Minuten gefrieren lassen, dann durchrühren.

c
Die Schüssel wieder zurück in das Gefriergerät geben und die Sorbetmasse in kurzen Abständen durchrühren. Je öfter, desto geschmeidiger wird das Sorbet. Allerdings verlängert sich dadurch die Gefrierzeit.

d
Hat das Sorbet die gewünschte Konsistenz – es bleibt immer etwas grobkörniger als in der Maschine zubereitetes –, mit dem Eisportionierer Kugeln formen und möglichst sofort servieren.

OBST

Weintrauben

häuten, entkernen

a | Für Obstdesserts und Obstkuchenbeläge die Haut von Weintrauben mit einem scharfen kleinen Messer wegschneiden.

b | Dann die Weinbeeren halbieren und mit der Messerspitze alle kleinen Kerne herauslösen.

WEINTRAUBEN HÄUTEN – **ZITRUSFRÜCHTE** ZESTEN ABZIEHEN   Z

Zitrusfrüchte

schälen, filetieren

a | Die Schale mit einem Messer – nicht zu tief – rundum segmentartig längs einschneiden und abschälen. Verbliebene weiße Häute vorsichtig entfernen.

b | Will man die Frucht filetieren, sie mit einem scharfen Messer großzügig bis ins Fruchtfleisch hinein schälen, so dass die Fruchtsegment-Haut mitentfernt wird.

c | Durch keilförmige Schnitte an den Trennhäuten entlang, die einzelnen Segmente herauslösen. Den austretenden Saft möglichst auffangen.

Zesten abziehen

a | Da hier das Äußere verwendet wird, muss man auch unbehandelte Zitrusfrüchte gut säubern.

b | Nachdem man sie unter heißem Wasser gewaschen hat, die Zitrusfrüchte gut trockenreiben.

c | Dann die Schale mit einem Zestenreißer mit gleichmäßigem Druck in dünnen Streifen abziehen.

119

ZWETSCHEN ENTSTEINEN – KOMPOTT ZUBEREITEN

Zwetschen
Kompott zubereiten

1 1¼ kg Zwetschen – es sollte eine möglichst geschmackvolle Sorte sein – waschen und gut abtropfen lassen. Die Zwetschen mit einem scharfen Obstmesser rundum einschneiden und halbieren. Eine Hälfte festhalten und mit der Messerspitze den Stein heraustrennen (siehe Bild Seite 113).

2 Die Zwetschen mit 500 g Zucker, 2 Gewürznelken, ½ Zimtstange (etwa 5 cm), ½ Vanilleschote sowie 1 Stück unbehandelter Zitronenschale in einen großen Topf schütten. Gut umrühren und die Früchte 1 Stunde ziehen lassen.

3 300 ml Rotwein zugießen, dann die Mischung unter Rühren erhitzen und 15 Minuten köcheln lassen, bis die Zwetschen weich sind und sich die Haut löst. Nach etwa der Hälfte der Garzeit 4 cl Slibowitz (Pflaumenschnaps) zugießen.

4 Zuletzt 2 cl Aceto balsamico di Modena zugießen (Step a) und unterrühren. Der jahrelang gereifte milde, aber charaktervolle Essig verstärkt das Aroma der Zwetschen.

Das Kompott abkühlen lassen und servieren oder noch heiß in sterile Gläser füllen, verschließen und abkühlen lassen. So hält es sich im Kühlschrank etwa 4 Wochen.

a Gegen Ende der Garzeit etwas aromatischen Aceto balsamico zugeben.

b Das Kompott noch heiß in Gläser füllen und diese sofort verschließen.

121

Eier, Milch, Käse
von Butter bis Tofu

B — EIER, MILCH, KÄSE

Butter

klären

a | Butter bei schwacher Hitze zerlassen. Die weiße Schicht oben (hauptsächlich Milcheiweiß) abschöpfen.

b | Das Butterfett durch ein Sieb so vorsichtig umgießen, dass der braune Bodensatz im Topf zurückbleibt.

teilen

a | 250-g-Butterstücke können, z. B. fürs Backen, einfach und relativ genau mit dem Messer quer in fünf 50-g-Portionen geteilt werden.

b | Werden angebrochene Butterpackungen verwendet oder muss es mit der Menge sehr genau gehen, empfiehlt sich eine Waage.

c | Weiche Butter, etwa zum Anbraten oder zum Verfeinern von Gerichten, kann man einfach mit dem Löffel abstechen.

BUTTER KLÄREN – WÜRZBUTTER HERSTELLEN   B

Butter

Würzbutter herstellen – Currybutter

Eine auf Basis von Currybutter hergestellte Sauce passt besonders gut zu hellem Fleisch – etwa von Hausgeflügel –, weshalb im folgenden Verwendungsbeispiel als Saucenbasis heller Geflügelfond verwendet wird.

1 Aus 30 g relativ weicher Butter, 15 g Mehl und 1 TL Currypulver die Würzbutter wie in den Steps unten gezeigt und beschrieben herstellen.

2 ½ l hellen Geflügelfond aufkochen, die kalten Würzbutterwürfel zugeben und die Flüssigkeit sorgfältig glatt rühren.

3 ⅛ l Sahne zugießen, 5 Minuten köcheln, bis die Sauce cremig ist. Mit Salz und einem Spritzer Zitronensaft abschmecken.

a

b

a
Die Butter in Stücke schneiden. Mit dem Mehl und dem Currypulver auf einem Teller mit einer Gabel verkneten.

b
Eine Rolle formen und in den Kühlschrank stellen. Die Butter kurz vor Gebrauch herausnehmen und würfeln.

EIER, MILCH, KÄSE

Eier

Eierstich herstellen

a | 5 Eier in eine Schüssel aufschlagen. 10 EL Milch sowie etwas Salz unterrühren und alles verquirlen. Die Mischung durch ein Sieb passieren (siehe unten), in eine gefettete quadratische Form (etwa 16 x 16 cm) füllen und mit Alufolie abdecken.

b | Die Form in ein mit heißem Wasser gefülltes tiefes Backblech stellen und im heißen Ofen bei 100 °C in etwa 30 Minuten stocken lassen. Herausnehmen, ringsum den Eierstich am Rand lösen, auf ein Brett stürzen und zurechtschneiden.

EIER, MILCH, KÄSE

Eier

Eiscreme

Auf der Basis einer einzigen gekochten Creme können viele Eissorten hergestellt werden. Mit Vanille aromatisiert – wie im Folgenden vorgestellt – ergibt sie ein köstliches **Vanilleeis**. Für Eissorten mit Früchten reduziert man den Vanilleanteil der Basiscreme auf ½ Schote.

1 Die Basiscreme herstellen wie in den Steps a–e unten gezeigt. Die abgekühlte Creme durch ein Sieb streichen, um eventuell geronnenes Eiweiß zu entfernen.

2 Die Vanillecreme in der Eismaschine gefrieren lassen (Step f). Den Spatel herausnehmen, das Eis portionieren und sofort servieren.

Für **Mokkaeis** die Vanille aus dem Grundrezept durch 1 EL löslichen Kaffee ersetzen.

Für **Mandeleis** 100 g Marzipanrohmasse mit etwas (warmer) Milch zu einer geschmeidigen Creme verrühren und unter die fertig gestellte, abgekühlte Grundmasse rühren.

Für **Karamelleis** die 200 g Zucker aus dem Grundrezept in einem Topf zu braunem Karamell schmelzen lassen. Die Milch zugießen und den Karamell auflösen, dann nach dem Grundrezept weiterarbeiten.

Für **Schokoladeneis** die Zuckermenge des Grundrezepts auf 100 g verringern. 200–250 g Kuvertüre (Geschmacksrichtung nach Belieben) in der heißen Sahne-Vanille-Milch auflösen. Nach Rezept weiterarbeiten.

Für **Haselnusseis** von 70 g gerösteten Haselnüssen die Schalen abreiben (siehe Seite 86), die Nüsse fein mahlen und 15 Minuten in der heißen gesüßten Sahne-Vanille-Milch ziehen lassen. Mit dieser Nussmilch dann nach Grundrezept weiterarbeiten.

Eisgrundmasse herstellen

a | ½ l Milch und ½ l Sahne, 4 aufgeschlitzte Vanilleschoten, 100 g Zucker und 1 Prise Salz in einem Topf unter Rühren aufkochen.

b | 8 Eigelbe und 4 ganze Eier auf dem heißen Wasserbad mit weiteren 100 g Zucker aufschlagen, vom Wasserbad nehmen.

c | Die Vanilleschoten aus der Sahne-Milch entfernen, das Mark in die heiße Milch zurückstreifen, diese unter die Eigelbmasse rühren.

EIER ESCREME

d | Die Creme auf dem heißen Wasserbad »zur Rose abziehen«, d. h. mit einem Holzlöffel rühren, bis sie diesen dicklich überzieht.

e | 40 g Glukosesirup einrühren, dann die Creme vom heißen Wasserbad nehmen und auf einem Eiswasserbad kaltrühren.

f | Die abgekühlte Creme nach Anweisung in die Eismaschine einfüllen und cremig frieren. Am besten sofort servieren.

E | EIER, MILCH, KÄSE

Eier

Frischetest

a | Für Eier, die in der Schale gegart werden: Sinkt das Ei in 10%iger Kochsalzlösung (10 g Salz auf 100 ml Wasser) zu Boden, ist es frisch.

b | Bei einem etwa 7 Tage alten Ei ist die Luftkammer schon größer, es richtet sich in der Salzlösung mit dem stumpfen Ende auf.

c | Ein vollständig schwimmendes Ei kann schon mehrere Monate alt sein. Seine Luftkammer ist bereits sehr groß.

kochen

a | Mehrere Eier werden gleichmäßig gar, wenn sie in einem Siebeinsatz oder Drahtkorb ins siedende Wasser gegeben werden.

b | Sobald die Eier vom siedenden Wasser ganz bedeckt sind und das Wasser erneut aufwallt, beginnt die eigentliche Kochzeit.

c | Fertig gekochte Eier immer kalt abschrecken, so löst sich das dünne äußere Häutchen leichter vom festen Eiweiß.

EIER FRISCHETEST – KOCHEN, GARGRADE

Eier

kochen, Gargrade

a | Nach 3 Minuten Kochzeit (Kochzeitbeginn mit Wiederaufwallen des Wassers) ist das Eiweiß nur außen fest, das Eigelb noch durch und durch flüssig.

b | Nach 4 Minuten ist das Eiweiß durch und durch geronnen, das Eigelb ist innen noch flüssig, hat aber bereits einen festen (helleren) äußeren Rand.

c | Nach 5 Minuten Kochzeit ist das Eiweiß durch und durch fest und das Eigelb besitzt nur noch in der Mitte einen relativ weichen Kern.

d | Nach 6 Minuten sind Eiweiß und Eigelb fest. Das Eigelb ist in der Mitte noch leicht cremig, die Farbe des Eigelbs wird heller.

e | Nach 10 Minuten Kochzeit ist nun auch das Eigelb durch und durch schnittfest, die Farbe des Eigelbs ist nun bereits blass.

f | Nach 15 Minuten hat das Eigelb seine kräftige Farbe fast vollständig verloren, es wird trocken und krümelt beim Schneiden.

EIER, MILCH, KÄSE

Eier

Omelett herstellen

Omeletts werden in einer speziellen Omelettpfanne (glatte Bratfläche, runder Übergang zwischen Boden und Rand) und am besten immer portionsweise zubereitet. Grundzutaten sind Eier, Salz und Muskat. Verfeinern kann man mit geriebenem Käse, der unter die rohe Masse gerührt wird (wie hier im Verwendungsbeispiel), aber beispielsweise auch mit vorher angeschwitztem feinem Gemüse und mit gebratenem Speck oder Innereien. Dies alles kann wahlweise in der Omelettmasse mitgebraten werden, als Füllung des fertigen Omeletts oder auch als Beigabe dienen.

1 Für 1 Käseomelett (für 1 Person) 3 Eier und 30 g geriebenen Parmesan in einer Schüssel verquirlen, mit Salz und frisch geriebener Muskatnuss würzen. Weiterarbeiten wie in den beiden Steps unten beschrieben. Wichtig ist, dass die Masse in der Pfanne mehr mit dem Gabelrücken gerührt wird, als mit den Zinken.

2 Das Omelett ist fertig, sobald es gerade gestockt, aber noch sehr cremig ist. Omelett mit einer Gabel an den Pfannenrand schieben und durch Klopfen auf den Pfannenstiel die eine Hälfte über die andere klappen lassen (siehe oben). Aauf einem vorgewärmten Teller anrichten.

Ein fachgerecht zubereitetes Omelett sollte eine gleichmäßige Form haben, es soll außen fast gar nicht oder nur ganz zart gebräunt und relativ glatt, innen weich sein.

a
10 g Butter in einer Omelettpfanne erhitzen und die Eimasse hineingeben.

b
Die Masse mit einer Gabel rühren, bis sie zu stocken beginnt. Dabei nicht die Bodenschicht des Omeletts verletzen.

EIER OMELETT HERSTELLEN – POCHIEREN

Eier

pochieren

a | Tagesfrische(!) gekühlte Eier in eine Kelle aufschlagen und in siedendes Essigwasser (50 ml Essig auf 1 l Wasser) gleiten lassen.

b | Zerfließendes Eiweiß mit dem Kochlöffel ans Eigelb drücken. Eier in 3–4 Minuten gar ziehen lassen, mit einer Schaumkelle herausheben.

c | Ungleichmäßige Eiweißränder gerade schneiden. Die Eier vor dem Servieren in heißem leicht gesalzenem Wasser erwärmen.

EIER, MILCH, KÄSE

Eier

Rührei mit Käse

Rühreier werden in einer schweren Pfanne zubereitet. Charakteristisch sind das vollständige Vermischen von Eiweiß und Eigelb sowie das langsame Stocken der Masse unter ständigem Schieben vom Rand zur Pfannenmitte. In den Steps unten wird das Grundrezept vorgestellt. Das fertige Rührei soll locker, cremig, kleinflockig und glänzend sein. Dieser Klassiker der schnellen Küche lässt sich vielfältig abwandeln und kombinieren. Beliebte Zutaten sind beispielsweise Kräuter, Schinken, Speck, Käse (siehe das nachfolgende Rezept), Pilze und Krustentiere, Fleisch und Innereien.

1 Für Rührei mit Käse für 2 Personen (eine größere Portion sollte man nicht auf einmal zubereiten) 5 Eier und 5 EL Sahne in einer Schüssel verquirlen, mit Salz und weißem Pfeffer würzen. 75 g fein gewürfelten würzigen Hart- oder Schnittkäse (z. B. Bergkäse) unterrühren.

2 In einer schweren Pfanne 30 g Butter bei niedriger Temperatur zerlassen. Die Ei-Käse-Mischung hineingeben, mit einem Holzlöffel vom Rand zur Mitte schieben, bis sie zu zarter Konsistenz stockt.

3 Das Rührei auf zwei vorgewärmten Tellern anrichten, mit Schnittlauchröllchen garnieren.

Rührei zubereiten

a | Für 1 Portion Rührei rechnet man 3 ganze Eier. Diese mit 2 EL Milch oder Sahne verquirlen. Die Mischung leicht salzen und pfeffern.

b | 15 g Butter in der Pfanne zerlassen, die Eimasse eingießen. Mit einem Holzlöffel die stockende Masse immer wieder vom Boden lösen.

c | So entstehen cremige, saftige und lockere Eiflocken. Diese nicht mehr garen, sonst werden sie trocken. Sofort servieren.

EIER RÜHREI – SPIEGELEI

Eier

Spiegelei

Spiegeleier werden am besten in einer stabilen Stielpfanne zubereitet, feuerfeste Spezial-Eierplatten sind ebenfalls geeignet. Ein vollkommen gestocktes Eiweiß ohne Bratränder und ein weiches, glänzendes Eigelb ergeben das charakteristische Bild des perfekten Spiegeleies. Gesalzen wird es erst, wenn das Eiweiß vollständig geronnen ist. Es wird auch nur das Eiweiß gesalzen, denn auf dem Eigelb würde das Salz weiße Punkte hinterlassen. Die klassische Zubereitung ist das einseitig gebratene Spiegelei. Es kann jedoch auch vor dem vollständigen Stocken des Eiweißes gewendet und auf beiden Seiten braun gebraten werden. Bei dieser Methode wird auch das Eigelb fest.

Spiegelei zubereiten

a | Gerade bodenbedeckt Butter in der Pfanne zerlassen. Das aufgeschlagene Ei in die Pfanne gleiten und bei mäßiger Hitze das Eiweiß stocken lassen, ohne dass Bratränder entstehen (Bild ganz oben).

b | Wer nicht nur die Unterseite, sondern auch die obere Seite gebräunt haben möchte, muss das Ei wenden, ehe das Eiweiß ganz gestockt ist, und die obere Seite ebenfalls braten.

EIER, MILCH, KÄSE

Eier

trennen

a | Das Ei am Schüsselrand aufschlagen, die Hälften vorsichtig auseinanderziehen, die Schalen sollen auf der Unterseite noch zusammenhalten.

b | Eine Schalenhälfte fast senkrecht halten, das Eigelb vorsichtig von der anderen Hälfte aus hineingleiten lassen. Das Eiweiß fließt dabei in die Schüssel.

c | Das Eigelb darf nicht verletzt werden, sonst gelingt der Eischnee nicht. Den »Eifaden« mit der Fingerspitze vom Eigelb abziehen und wegwerfen.

EIER TRENNEN – **EIGELB** MIT EIGELB LEGIEREN

Eigelb

mit Eigelb legieren

a | Für Suppen wie beispielsweise Spinat- oder Rahmsuppe: Wenn die Suppe fertig gegart ist, pro Portion 1 Eigelb mit 100 g Sahne verquirlen.

b | Einen Teil der Suppe in die Eigelb-Sahne rühren. Diese Mischung in die (nicht mehr kochende) Suppe einrühren. Unter Rühren bis knapp unter den Kochpunkt erhitzen.

c | Beim Erhitzen bindet das Eigelb ab, und die Suppe erhält ihre Samtigkeit. Zu starkes Erhitzen würde allerdings das Eiweiß zum Gerinnen bringen.

EIER, MILCH, KÄSE

Eigelb

Pfirsichparfait

Ein Parfait ist eine Eiscreme, die sowohl durch Eigelbcreme als auch durch geschlagene Sahne ihre luftig-cremige Konsistenz bekommt. Parfaits müssen beim Gefrieren daher auch nicht gerührt werden, sondern können in kleine Formen (nach Belieben auch in Portionsformen) gefüllt unmittelbar nach der Fertigstellung der Masse ins Gefriergerät gestellt werden.

Parfaits können ebenso wie normale Eiscremes mit verschiedensten Zutaten aromatisiert werden. Hier wird ein fruchtiges Verwendungsbeispiel vorgestellt.

1 Für 6 Portionen 200 g Pfirsiche blanchieren, abschrecken, häuten und entsteinen. Das Fruchtfleisch fein pürieren. 2 EL Zitronensaft einrühren, alles durch ein Sieb passieren.

2 4 Eigelbe mit 120 g Zucker cremig rühren. ½ Vanilleschote aufschlitzen und in 150 ml Milch aufkochen. Herausnehmen und das Mark in die Milch zurückstreifen. Die Vanillemilch langsam zu der Eigelbmasse gießen, dabei ständig rühren.

3 Die Creme in einem Topf unter ständigem Rühren erhitzen, aber nicht kochen, bis sie leicht angedickt ist. Die Creme durch ein feines Sieb gießen (Step a), um eventuell vorhandenes geronnenes Eiweiß zu entfernen, anschließend kaltrühren.

4 150 ml Sahne steif schlagen und weiterverfahren wie in den Steps b und c gezeigt und beschrieben. Das Gefrieren des Pfirsichparfaits dauert einige Stunden.

5 Die Formen aus dem Gefriergerät nehmen, kurz in heißes Wasser tauchen und die Pfirsichparfaits auf Teller stürzen. Nach Belieben mit Fruchtsauce oder -kompott servieren.

Parfaitmasse herstellen

a | Die leicht angedickte Eiercreme durch ein feines Sieb in einen sauberen Topf umgießen.

b | Das Pfirsichmark sowie 3 cl Pfirsichlikör unterrühren. Die steif geschlagene Sahne unterheben.

c | Die Parfaitmasse auf sechs kleine gekühlte Kastenformen verteilen und gefrieren.

EIGELB PARFAIT HERSTELLEN – **EIWEISS** EISCHNEE SCHLAGEN

Eiweiß

Eischnee schlagen

a
Eischnee mit der Hand schlagen: Die Eiweiße in eine saubere, fettfreie Schüssel geben; für Biskuitmassen allen benötigten Zucker auf einmal dazugeben, dadurch entsteht cremiger Eischnee. Lässt man Zucker nach und nach einrieseln, wird der Schnee schnittfest.
Mit dem Schneebesen erst langsam, dann immer kräftiger schlagen.

b
Während des Schlagens soll der Schneebesen möglichst viel Luft in die Eiweißmasse einarbeiten, das geht am besten, wenn man den Besen kreisförmig schwingt und dabei die Schüssel dreht.

c
Wenn der Eischnee so fest ist, dass er nicht mehr vom Schneebesen abtropft, ist er steif genug. Ihn dann gleich verarbeiten, sonst fällt er wieder zusammen.

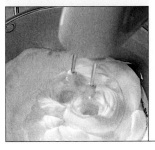

d
Am bequemsten geht das Schlagen von Eiweiß aber mit den Quirlen des Handrührgeräts oder der Küchenmaschine. Um möglichst viel Luft einarbeiten zu können, nur auf mittlerer Stufe statt auf höchster, dafür etwas länger rühren.

EIER, MILCH, KÄSE

Frischkäse

selbst zubereiten

a | 1 kg Joghurt (nach Belieben 3,5- bis 10%igen) mit 1 TL Salz verrühren. Den Joghurt in ein mit einem Küchentuch ausgelegtes Sieb gießen.

b | Das Sieb über einen Topf hängen und das Tuch über der Joghurtmasse zusammendrehen. Den Joghurt etwa 12 Stunden abtropfen lassen.

c | Nach dieser Zeit ist etwa ½ l Molke abgetropft und ein weicher aber kompakter säuerlicher Frischkäse entstanden, den man nach Geschmack würzen kann.

FRISCHKÄSE SELBST ZUBEREITEN – **KÄSE** RASPELN **K**

Käse

raspeln

a
Eine Reibe mit zackig-sternförmiger Lochung eignet sich gut für sehr spröde Hartkäse, wie zum Beispiel Parmesan. Man erhält feinkörniges Granulat.

b
Mit einer Reibe mit kleiner, gerader Lochung kann man feine Käsestreifen herstellen. Sie lässt sich auch für weichere Käse verwenden.

c
Mit einer Reibe mit grober Lochung lassen sich auch die weicheren Halbfesten Schnittkäse problemlos in grobe Streifen raspeln.

d
Von besonders harten Käsen wie Parmesan oder lange gereiftem Pecorino kann man mit einem Käsehobel dekorative Späne abziehen.

EIER, MILCH, KÄSE

Käse

schmelzen

a | Käse mit nur geringem Fettgehalt ist zum Schmelzen nicht besonders gut geeignet. Im Bild ein Gouda mit 30 % Fett i. Tr.

Der Käse zerläuft beim Erhitzen nur sehr wenig und bekommt eine eher gummiartige Konsistenz.

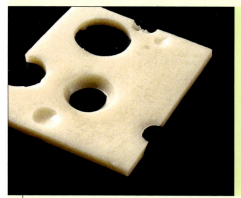

b | Emmentaler mit natürlichem Fettgehalt (45 % Fett i. Tr.) hat ausgesprochen gute Schmelzeigenschaften.

Der Käse reagiert schnell auf Hitze und zerläuft stark an den Rändern. Auch gerieben ist er ideal zum Überbacken.

KÄSE SCHMELZEN K

c | Der italienische Fontina (wie auch der sehr ähnliche, nur aus pasteurisierter Milch hergestellte Fontal) schmilzt sehr gut.

| Der Käse zerläuft ausgesprochen stark und eignet sich daher insbesondere für Käsefondue und für Käsesaucen.

d | Vollfetter Weichkäse mit Weißschimmelrinde hat einen sehr weichen und geschmeidigen Teig.

| Er zerläuft unter Hitze schnell und stark. Die Rinde kann bitter schmecken, daher vor dem Erhitzen eventuell abschneiden.

143

EIER, MILCH, KÄSE

Käse

schneiden, fein

a | Relativ dünne Scheiben, die gut als Brotbelag verwendet werden können, zieht man mit einem Käsehobel von Hart- und Schnittkäsen ab.

b | Mit einer Drahtschneide lassen sich gleichmäßig dicke Portionsscheiben von einem Käsestück mit weichem bis mittelfestem Teig abziehen.

a | Sehr feine Käsestreifen schmecken in rustikalen Salaten. Etwas dicker geschnitten passen sie gut in Käse-Wurst-Salat.

b | Geriffelte Käsestifte werden mit dem Buntmesser geschnitten. Sie sind elegante Dekoration oder Beigabe zu Gemüsesalaten.

c | Kleine Käsebröckchen werden aus sehr hartem Käse gebrochen (siehe auch Seite 146 a); fein in herben Salaten und pur.

EIER, MILCH, KÄSE

Käse

schneiden, grob

a
Mit einem Hartkäsemesser werden die besonders harten Käse wie z. B. Parmesan und Grana Padano in mundgerechte Stückchen gebrochen.

b
Mit einem großen Doppelgriff-Messer lassen sich Tilsiter und andere Käse, die in Brotform hergestellt werden, leicht und genau schneiden.

c
Mit dem Eingriff-Messer kann man kleinere Käsebrote – auch von rundlicher Form – sowie ziegelförmige Käse gut schneiden.

d
Kleine Würfel aus halbfestem, aber doch eher krümeligem Blauschimmelkäse lassen sich mit einem Eierschneider aus Draht bequem schneiden.

KÄSE SCHNEIDEN, GROB

e
Rotschmierekäse in Brotform lassen sich sowohl mit dem Drahtschneider als auch mit dem Weichkäsemesser (siehe f) problemlos in mittelstarke Scheiben schneiden.

f
Ovale Weichkäse werden am besten in Scheiben portioniert. Diese dem Käse entsprechend, aber nicht dünner als 1 cm schneiden.

g
Pyramidenförmige Weichkäse – im Bild ein Ziegenkäse – werden mit dem Draht geviertelt und eventuell noch in tortenstückförmige Dreiecke zerteilt.

h
Für Käsezubereitungen – im Bild eine Mischung aus Schmelz- und Naturkäse – eignet sich das Weichkäsemesser ebenfalls am besten.

EIER, MILCH, KÄSE

Sahne

schlagen

a | Die flüssige Sahne mit den Quirlen des Handrührgeräts auf kleiner Stufe schaumig schlagen.

b | Zucker nach Geschmack zugeben, dann die Sahne auf mittlerer Stufe halbsteif schlagen.

c | Die Schlagsahne von Hand fertigstellen – die sicherste Methode, ein »Überschlagen« zu verhindern.

SAHNE SCHLAGEN – **SOUFFLÉ** KÄSESOUFFLÉ ZUBEREITEN

Soufflé

Käsesoufflé zubereiten

a | 60 g Butter zerlassen, 30 g Mehl auf einmal zufügen und unter Rühren bei geringer Hitze 2–3 Minuten farblos anschwitzen.

b | ¼ l Milch nach und nach einrühren. ½ TL Salz, etwas Pfeffer und Muskat zugeben. Aufkochen und 15 Minuten köcheln lassen.

c | Mit dem Schneebesen ein Ansetzen am Topfboden verhindern. 4 EL flüssige Sahne zugießen. Den Topf vom Herd nehmen.

d | 5 Eigelbe nacheinander unterrühren. Erst wenn ein Eigelb ganz untergemischt ist, das nächste zugeben. 150 g geriebenen würzigen Hartkäse unterrühren.

e | Die Masse in eine Rührschüssel umfüllen, etwas abkühlen lassen. 5 Eiweiße steif schlagen und vorsichtig unter die lauwarme Käsesauce heben.

f | Die gefettete und bemehlte Form zu zwei Drittel füllen. Das Soufflé bei 180 °C im vorgeheizten Ofen (unten) 20 Minuten, bei 200 °C weitere 20–25 Minuten backen.

EIER, MILCH, KÄSE

Soufflé

süßes Soufflé zubereiten

a | ¼ l Milch mit dem Mark von 1 Vanilleschote aufkochen. 50 g weiche Butter und 50 g Mehl verkneten. Die Mehlbutter stückweise in die Milch einrühren.

b | Rühren, bis alles homogen gebunden ist. Die Hitze abschalten und 1 rohes Eiweiß schnell und kräftig unterrühren, so dass es sich vollständig verteilt.

c | Die Masse in eine Schüssel umfüllen und etwas abkühlen lassen. 4 Eigelbe mit einem Schneebesen nacheinander unter die lauwarme Masse rühren.

d | In einer zweiten Schüssel 70 g Zucker auf einmal zu 4 Eiweißen schütten. Die Eiweiße zu steifem, cremigem Eischnee schlagen.

e | Zuerst ein Viertel des Eischnees mit dem Schneebesen unter die Masse rühren, dann den Rest mit dem Kochlöffel darunter heben.

f | Die Masse in eine gefettete, mit Zucker ausgestreute Souffléform (18 cm Ø) füllen. Im 80 °C warmen Wasserbad garen.

Tofu

vorbereiten, braten

a | Tofu gibt es in unterschiedlichen Konsistenzen. Zum Braten eignet sich relativ fester. Tofu in etwa fingerdicke Scheiben schneiden.

b | Da das Sojaprodukt von sehr neutralem Geschmack ist, sollte man es vor dem Braten marinieren, z. B. mit Soja- oder Teriyakisauce.

c | Nach einigen Stunden in der Marinade die Tofuscheiben trockentupfen und in heißem Öl goldbraun braten.

Fisch
von Aal bis Stockfisch

FISCH

Aal

abziehen (1. Methode)

a | Ein Stück Haut hinter dem Kopf einritzen, mit Hilfe des Daumens rundum, bis zur anderen Seite, ablösen.

b | Die so entstandene Hautschlaufe packen und die Haut nach vorn über den Kopf wegziehen.

c | Das jetzt lose Hautende festhalten und nach hinten bis über den Schwanz vollständig abziehen.

d | Zum Schluss mit einer Schere die Flossen in Richtung Kopf, also gegen den Strich, abschneiden.

e | Der auf diese Weise vorbereitete Aal kann nun beispielsweise filetiert werden, wie rechts gezeigt.

AAL ABZIEHEN – ENTSCHLEIMEN

abziehen (2. Methode)

a | Die Haut hinter Kopf und Brustflossen rundum einschneiden und vorsichtig etwas vom Fleisch lösen.

b | Um die Schnittstelle eine Schnur knoten. Den Aal an einem kräftigen Wandhaken oder Fenstergriff aufhängen.

c | Dem Aal am Schwanz halten, die abgelöste Haut mit einem Tuch packen, mit Kraft nach unten abziehen.

entschleimen

Junge oder zum Räuchern bestimmte Aale werden mit Haut verarbeitet. Doch der Schleim muss entfernt werden, er sähe nach dem Garen grau und unansehnlich aus. Den Fisch mit grobkörnigem Meersalz einreiben, nach 2–3 Minuten dieses mit dem daran haftenden Schleim gründlich abstreifen. Den Aal abwaschen.

FISCH

Fisch

ausnehmen, durch den Bauch

a
Vom Fisch (hier eine Forelle) die Flossen abschneiden. Von der Afteröffnung zum Kopf die Bauchhöhle aufschneiden. Eingeweide dabei nicht verletzen!

b
Die Eingeweide mit den Fingern an der Afteröffnung lösen und vorsichtig im Ganzen nach vorne herausziehen.

c
Mit der Schere die Eingeweide am Schlund vorsichtig abschneiden und herausnehmen, ohne die schwarzgrüne Galle zu verletzen.

d
Die Kiemen abschneiden und herausziehen. Dann die Bauchhöhle unter fließendem kaltem Wasser gründlich säubern, dabei die am Rückgrat anliegende Niere herausschaben.

FISCH AUSNEHMEN, DURCH DEN BAUCH – DURCH DEN RÜCKEN F

ausnehmen, durch den Rücken

a
Den Fisch (hier eine Forelle) am Rücken beidseitig der Rückenflosse jeweils vom Kopf bis zum Schwanz an der Mittelgräte entlang einschneiden.

b
Die Mittelgräte möglichst weit hinten abschneiden und herausheben. Das Rückgrat am Kopf durchtrennen und das Skelett entfernen.

c
Die Innereien an der Afteröffnung lösen, dann im Ganzen nach vorne herausziehen und vorsichtig am Kopf abschneiden.

d
Fisch umdrehen und die Afterflosse abschneiden. Auf diese Weise ausgenommen eignet sich die Forelle ausgezeichnet zum Füllen.

FISCH

Fisch

ausnehmen, durch die Kiemen

a
Am Beispiel einer Forelle: Mit einem spitzen Messer den Darm am After rundum vom Muskelfleisch trennen.

b
Die Kiemendeckel wegklappen. Mit einer Schere die nun freiliegenden Kiemenbögen oben, wo sie festgewachsen sind, abschneiden.

c
Dann die Kiemen vollständig entfernen: Auch das untere Ende abschneiden und die Kiemen herausziehen.

d
In die Kiemenöffnung greifen, den Schlund mit den daranhängenden Innereien packen und vorsichtig herausziehen.

FISCH AUSNEHMEN, DURCH DIE KIEMEN – FRISCHETEST

Frischetest

a | Frischer Fisch hat leuchtend rote Kiemen. Die einzelnen Kiemenblättchen sind deutlich zu erkennen, sie sehen weder fleckig noch verschleimt aus.

b | Auch an den Augen erkennt man die Frische des Fischs. Das Beispiel des fangfrischen Stöckers oben zeigt es deutlich: Das Auge ist prall und glasklar ...

c | ... ein trübes Auge dagegen verrät, dass der Fisch nicht mehr frisch ist – obwohl er, wenn er kühl gelagert wurde, durchaus noch angenehm riechen kann.

Fisch

filetieren

a | Mit küchenfertig gekauften Fischen bei Step g beginnen. Sonst den Fisch (hier ein Zander) am Schwanzende festhalten, die Flossen in Richtung Kopf abschneiden.

b | Mit einem Fischschupper die Schuppen in Richtung Kopf abschaben. Die Bauchhöhle vom After zum Kopf mit flach geführtem Messer aufschneiden.

c | Das letzte Stück am Kopf mit der Schere aufschneiden. Eingeweide mit den Fingern an der Afteröffnung lösen, vorsichtig herausziehen.

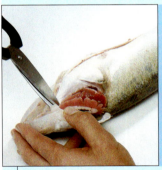

d | Eingeweide am Schlund abschneiden und herausnehmen. Aufpassen, dass die Galle nicht verletzt wird. Ihre bittere Flüssigkeit kann den Fisch ungenießbar machen.

e | Die Kiemendeckel aufklappen, die Kiemenbögen an den Ansatzstellen abschneiden und herausziehen (und ebenso wie die Eingeweide wegwerfen).

f | Die Haut über der Niere aufritzen. Niere mit einem Teelöffel oder mit dem Daumennagel herauskratzen. Die Bauchhöhle gründlich ausspülen.

FISCH FILETIEREN

g | Mit dem Messer auf beiden Seiten hinter der Kiemenöffnung schräg zum Kopf hin bis auf die Mittelgräte schneiden. Dann die Mittelgräte durchtrennen.

h | Das Fischfleisch am Rücken längs vom Kopfende bis zum Schwanz aufschneiden. Dabei knapp an der Rückenflosse vorbei und tief, bis auf die Mittelgräte, schneiden.

i | Mit dem flach gehaltenen Messer ein Filet direkt über der Mittelgräte Richtung Schwanz abschneiden, dabei die Bauchhöhlengräten durchtrennen.

k | Nun auf der anderen Seite des Flossenansatzes das Fischfleisch längs bis auf die Mittelgräte einschneiden. Diese freilegen und samt Schwanz abheben.

l | Das Messer unter die Bauchhöhlengräten führen, diese ganz flach über dem Filet wegschneiden. Eventuell noch verbliebene Gräten herausziehen.

m | Am Ende des Filets etwas Fleisch über der Haut wegschneiden. Das Hautstück gut festhalten und das Filet mit dem flach gehaltenen Messer abschneiden.

Fisch

garen, im Salzmantel

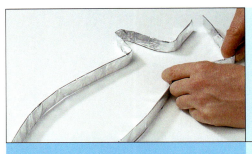

a
Aus Alufolie eine großzügig um den Fisch passende Kontur formen. Die Folie mindestens sechsfach aufeinanderlegen, damit sie sich nicht verformt.

b
Für die Salzmasse (für 2 Forellen bzw. 4 Fischportionen) 3 kg grobes Meersalz mit 3 Eiweißen und 150–200 ml Wasser zu einer relativ geschmeidigen Masse vermengen. Die Salzmasse in zwei Portionen teilen. Ein Drittel einer Portion in die Fischkontur füllen und darin glatt streichen.

c
Den ausgenommenen Fisch (siehe Seite 156), im Bild ein kleiner Lachs, in der Bauchhöhle würzen, nach Belieben mit Kräutern füllen und auf die Salzmasse legen. Mit Kräutern belegen.

d
Die restliche Salzmasse auf dem Fisch verteilen und gleichmäßig verstreichen. Den Fisch im auf 200 °C vorgeheizten Ofen 15–20 Minuten garen. Die Salzkruste aufbrechen, den Fisch häuten und filetieren (siehe Seite 166/167).

Fisch

garen, in Alufolie

a
Den ausgenommenen Fisch (im Bild ein Hecht) innen und außen salzen, pfeffern. Mit Schalottenringen, Kräutern (Petersilie, Koriander, Thymian) und ein paar Butterwürfelchen füllen und gleichmäßig mit geräuchertem Speck umwickeln.

b
Fisch mit gehackten Kräutern bestreuen und so in Alufolie wickeln, dass kein Saft herausfließen kann. Auf dem Rost im auf 200 °C vorgeheizten Ofen 20–25 Minuten garen. Alufolie und Speck sorgen dafür, dass der extrem fettarme Hecht im eigenen Saft gart und saftig bleibt.

garen, in Bratfolie

a
Einen küchenfertigen, gewürzten Fisch (ca. 1 kg) mit Aroma gebenden Zutaten wie Möhren- und Lauchstücken, Schalotten, Kräutern, Lorbeer, Pfeffer- und Wacholderbeeren in den Bratschlauch legen. Diesen beidseitig sorgfältig verschließen.

b
Den Bratschlauch mehrere Male mit einer Nadel einstechen. Dann das Paket in den vorgeheizten Ofen (200 °C) legen – unbedingt auf den kalten Rost und so gelagert, dass die Folie die Ofenwände nicht berührt, sonst könnte sie beschädigt werden.

FISCH GAREN, IN ALUFOLIE – IN PAPIER

garen, in Papier

a | Butterstückchen, zerdrückten Knoblauch und Salbei auf dem Fisch (im Bild ein Red Snapper) verteilen. Pergamentpapier darum herum locker zu einem luftdichten Päckchen verschließen. Das Papier mit Öl bestreichen, dann bräunt es nicht so stark.

b | In der Hülle ist der Fisch gegen zu große Hitze geschützt. Da ein Großteil des beim Garen entstehenden Dampfs aber durch das poröse Papier und die Öffnungen des Päckchens entweichen kann, bekommt er gleichzeitig eine braune Farbe.

FISCH

Fisch

gegarten Rundfisch vorlegen

a
Den servierfertigen Fisch (im Bild eine Lachsforelle) auf eine Platte heben. Die Rückenflosse mit Hilfe von Fischmesser und Gabel herausziehen.

b
Die Haut entlang des Rückens, dann an Kopf und Schwanz mit dem Fischmesser durchtrennen; durch Aufrollen über die Messerklinge abziehen.

c
Nun das obere Filet hinter dem Kopf lösen: Das weiche Fleisch mit dem Fischmesser bis auf die Gräten durchtrennen.

d
Das Filet mit Hilfe von Fischmesser und Gabel vorsichtig und mit flacher Klinge von der Mittelgräte lösen; auf einen vorgewärmten Servierteller legen.

FISCH GEGARTEN RUNDFISCH VORLEGEN

e
Anschließend mit dem Fischmesser das untere Filet vom Schwanz trennen, dabei die Mittelgräte mit der Gabel festhalten.

f
Das gesamte Skelett so vorsichtig abheben, dass keine Gräten im Fleisch verbleiben. Das nun freigelegte untere Filet hinter dem Kopf abtrennen.

g
Das zweite Filet mit der Haut nach oben auf den Servierteller legen und die Haut abziehen wie in Step c auf der linken Seite gezeigt.

h
Zuletzt die Fischbäckchen auslösen, sie schmecken sehr fein. Man gelangt an die Bäckchen, indem man die Kiemendeckel von hinten abhebt.

FISCH

Fisch

panieren (Müllerinart)

a | Die gesalzenen und gepfefferten Fischfilets (im Bild Merlanfilets) in Mehl wenden. Überschüssiges Mehl gut abklopfen.

b | Butter in einer Pfanne aufschäumen lassen und die Fischfilets darin bei mittlerer bis starker Hitze auf beiden Seiten kurz anbraten.

c | Die Fischfilets dann auf der Hautseite in 3–5 Minuten garen und goldbraun braten, dabei häufig mit der Bratbutter überschöpfen.

FISCH PANIEREN – GLACIEREN   F

glacieren

a
Glacierte Fische sind für die Lagerung im Tiefkühlgerät besonders geschützt. Ausgenommene Fische auf Alufolie legen, mit Alufolie locker abgedeckt einige Stunden vorgefrieren.

b
Die Fische anschließend kurz in eiskaltes Wasser tauchen, wieder herausheben und, sobald sie mit einer dünnen Eisschicht überzogen sind, nochmals eintauchen und das Wasser angefrieren lassen.

c
Die so präparierten Fische in Alufolie wickeln oder in stabile Gefrierbeutel legen. Die Verpackung luftdicht verschließen und die Fische im Tiefkühlgerät lagern. Sie halten sich bei -18 °C bis zu 8 Monate.

FISCH

Forelle

rund binden

a | Als Vorbereitung zum Pochieren: Einen doppelten Faden mit Hilfe einer Dressiernadel durch Schwanz und Kiemen ziehen.

b | Beide Fadenenden an einem Zahnstocher festknoten, dabei Kopf und Schwanz des Fischs zusammenziehen.

c | Oder – ohne Hölzchen: Wie oben einen doppelt genommen Faden mit Nadel durch Kiemendeckel und Schwanz ziehen, ...

d | ... die Fadenenden unter dem Fisch zusammenführen – Kopf und Schwanz dabei zusammenziehen – und verknoten.

FORELLE RUND BINDEN – **KARPFEN** SPALTEN

Karpfen

spalten

a | Den Fisch flach hinlegen und am Kopf festhalten. Hinter dem Kopf von der Bauchseite her ein spitzes Sägemesser bis zur Wirbelsäule durchstechen.

b | Den Fisch immer noch am Kopf festhalten und ihn nun mit einem einzigen Schnitt der Länge nach vom Kopf bis zum Schwanz durchtrennen.

c | Den Karpfen mit dem Maul senkrecht auf ein Tuch stellen, eine Hälfte festhalten und mit einem Schlagmesser auch den Kopf durchtrennen.

d | Die Karpfenhälften vor der Weiterverarbeitung (paniert, in Teighülle, als Zutat zu Eintöpfen) sorgfältig unter fließendem kaltem Wasser säubern, trockentupfen.

171

FISCH

Lachs

filetieren

a
Den Fisch am Rücken aufschneiden: Tief im Fleisch entlang der Mittelgräte schneiden, dabei die Bauchhöhlengräten durchtrennen.

b
Von innen her arbeitend auch die Bauchseite ganz durchtrennen: Das Messer dann flach unter die Bauchhöhlengräten führen und diese abheben.

c
Im Fischfilet verbliebene kleine Gräten mit einer Pinzette herausziehen. Das Lachsfilet mit dem flach gehaltenen Messer von der Haut schneiden.

d
Das Lachsfilet umdrehen, den tranigen Mittelstreifen auf beiden Seiten längs etwas einschneiden und vorsichtig abziehen.

LACHS FILETIEREN – RÄUCHERLACHS VORBEREITEN

Räucherlachs vorbereiten

a | Den Lachs mit der Haut nach unten auf ein Brett legen. Auf der oben liegenden Seite die feste Räucherhaut mit den darunter liegenden Gräten abheben und entlang der Mittellinie entfernen.

b | Das Ziehen der Seitengräten ist beim Räucherlachs nicht ganz einfach, deshalb eine feste Zange verwenden. Die vorbereitete Lachsseite dann von der Schwanz- oder von der Kopfseite her aufschneiden.

FISCH

Lachs

Graved Lachs

Auch andere Fische, insbesondere die mit dem Lachs verwandten (z. B. Forelle, Saibling), kann man auf die nachstehend beschriebene Art beizen. In jedem Fall sollte der Fisch sehr frisch, von hervorragender Qualität und eher fetter als zu mager sein. Was Kräuter und andere Würzzutaten für Graved Lachs anbelangt, sind der Fantasie kaum Grenzen gesetzt. Unverzichtbar für die Haltbarmachung sind allerdings Zucker, Salz und das Beschweren des Fischs.

1 Benötigt werden 2 Lachsfilets von ingesamt 1,5 kg. Eines davon mit der Hautseite nach unten in eine Form legen, das andere ebenso auf eine Arbeitsfläche.

2 40 g Salz mit 60 g Zucker und 2 TL grob gestoßenem Pfeffer in einer Schüssel mischen, die Fischfilets damit gleichmäßig bestreuen.

3 2 Bund Dill, ½ Bund Kerbel, 1 Bund glatte Petersilie und 1 Bund Zitronenmelisse waschen, trockenschütteln und die Blättchen grob hacken. Weiterverfahren wie in den Steps unten gezeigt und beschrieben.

4 Ein Brettchen und ein Gewicht auf den Fisch legen. Das Ganze mit Folie abdecken und 2 Tage im Kühlschrank durchziehen lassen; dabei den Fisch einmal wenden.

5 Der gebeizte Fisch hält sich 2 Tage. Zum Servieren den Lachs nicht zu dünn aufschneiden. Dazu passt gut eine mit Dill verfeinerte scharfsüße Senfsauce und Brot.

a
Die Kräutermischung auf dem in der Form liegenden Fischfilet verteilen.

b
Das zweite Filetstück mit der Hautseite nach oben auf die Kräuter legen.

LACHS GRAVED LACHS ZUBEREITEN – TRANCHEN SCHNEIDEN

Tranchen schneiden

a | Den (ausgenommenen) Fisch in Kopfrichtung schuppen, am besten mit einem Fischschupper.

b | Den Lachs dann unter fließendem kaltem Wasser sorgfältig innen und außen waschen.

c | Anschließend die Bauchflossen – am besten mit einer Küchenschere – abschneiden.

d | Mit einem stabilen Messer den Kopf mit einem geraden Schnitt direkt hinter den Kiemen abtrennen.

e | Den Fisch je nach Bedarf in Scheiben oder größere Stücke mit Haut und Mittelgräte schneiden.

FISCH

Plattfisch

filetieren (große Plattfische)

a | Mit einem spitzen, stabilen Messer über den Augen ansetzen – wo der Flossensaum beginnt. Am Kopf entlang zur Mitte schneiden.

b | Den Schnitt gerade, entlang der sichtbaren Seitenlinie, also direkt auf der Mittelgräte, bis zum Schwanz weiterführen.

c | Vor dem Lösen des oberen (Rücken-)Filets die Haut und das Fleisch entlang des oberen Flossensaums einschneiden.

d | Das Filet etwas anheben, mit dem flach auf den Gräten geführten Messer ablösen. Auf diese Weise auch das untere Filet ablösen.

e | Beim Lösen dieses Filets kann ein Rogensack zum Vorschein kommen. Deshalb Vorsicht beim Schneiden: Er sollte nicht verletzt werden.

f | Den Plattfisch umdrehen und auf der hellen Seite die Filets auf dieselbe Weise wie die auf der dunklen Oberseite herauslösen.

176

PLATTFISCH FILETIEREN

g | Beide Filets mit flach geführtem Messer von den Gräten ablösen, in der Mitte beginnen und vorsichtig nach außen vorarbeiten.

h | Übrig bleiben die Fischkarkasse (für Fischfonds zu verwenden) und der Rogensack – der Rogen kann wie Kaviar serviert werden.

i | Von jedem Filet am hinteren Ende etwas Fleisch von der Haut schneiden. Diese gut festhalten, das Fleisch von der Haut schneiden.

k | Beim Ablösen des Fleischs von der Haut mit sehr flach geführter Klinge arbeiten. Vom Filet den fransigen Flossenrand abschneiden.

l | Zuletzt eventuell vorhandenes braunes Gewebe wegschneiden, denn dieses ist sehr fetthaltig und schmeckt tranig.

m | Von der Haut befreite Plattfischfilets eignen sich zum Dämpfen, Dünsten, Garen in der Hülle oder auch zum Frittieren (z. B. Scholle).

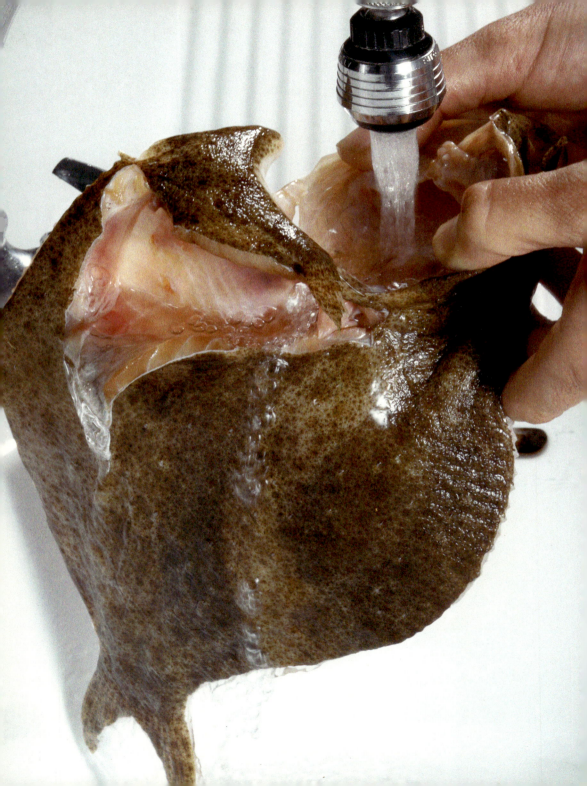

Plattfisch

Tranchen schneiden

a | Der ausgenommenen, geschuppten Fisch (im Bild ein Glattbutt) am Schwanz festhalten und die Flossen abschneiden.

b | Den Fisch mit einem stabilen, scharfen Messer quer in gleichmäßige, gleich dicke Portionsstücke (Tranchen) schneiden.

c | Die sehr großen Tranchen aus der Mitte des Butts mit einem stabilen großen Messer in der Mitte teilen. Dabei mit kräftigem Druck arbeiten.

FISCH

Plattfisch

vorlegen

a
Am Beispiel eines kleinen Steinbutts: Die Haut am Flossensaum und über der Mittelgräte lösen.

b
Die Haut auf der Oberseite in zwei Hälften abheben, so lässt es sich leichter arbeiten.

c
Hier wird das behutsame Abheben der zweiten Hauthälfte gezeigt.

d
Das erste der beiden oberen Filets mit dem Fischmesser am Flossensaum von den Gräten lösen.

PLATTFISCH VORLEGEN

e
Das Fischmesser von der Mittelgräte aus zwischen Filet und Gräten führen und so das Fleisch Stück für Stück lösen.

f
Mit Hilfe der Gabel das Filet dann vorsichtig im Ganzen abheben und auf einen vorgewärmten Servierteller legen.

g
Auf diese Weise auch das zweite Filet lösen und abheben. Dann den Flossensaum abtrennen.

h
Die Mittelgräte von Schwanz und Kopf trennen und im Ganzen abheben. Die unteren Filets nach Belieben mit dem Messer von der Haut lösen, abheben.

FISCH

Rochen

Flügel filetieren

a | Haut und Fischfleisch unmittelbar hinter der Stelle, wo der »Flügel« mit dem Körper verwachsen war, einschneiden.

b | Anschließend das Rochenflügelfilet mit einem flach geführten scharfen Messer von dem knorpeligen Skelett lösen.

c | Das Filet rundum bis zum knorpeligen Rand lösen. Den Rochenflügel umdrehen und das untere Filet ebenso auslösen.

d | An einer Stelle des Filets die Haut etwas lösen, gut festhalten. Mit einem langen, biegsamen Messer das Filet von der Haut schneiden.

e | Sehnen an der dicken Seite des Filets entfernen. Deutlich ist nun die für Rochenflügelfleisch charakteristische Struktur zu erkennen.

ROCHEN FLÜGEL FILETIEREN – **SARDELLEN** FILETIEREN

Sardellen

filetieren

a | Mit einem kleinen spitzen Messer den Bauch der Sardellen vom Schwanz bis zum Kopf aufschneiden.

b | Mit den Daumen die Mittelgräte rechts und links vorsichtig freilegen, ohne die Filets zu verletzen.

c | Die Mittelgräte von hinten nach vorne herausziehen, von Schwanzflosse und Kopf abschneiden.

FISCH

Seezunge

filetieren

a | Zwischen Schwanzflosse und Schwanzende die Haut der Seezunge quer einschneiden und ein Stück weit vom Fleisch lösen.

b | Schwanzspitze auf die Arbeitsfläche drücken und die Haut mit energischem Ruck abziehen. Unterseite genauso häuten. Kopf abtrennen.

c | Eventuell vorhandenen Rogen mit der Schere freilegen, vorsichtig mit dem Messer auslösen. Er kann noch verwertet werden.

d | Den Flossensaum in Richtung Kopf abschneiden. Flossen und Kopf können für einen Fischfond (siehe Seiten 378/379) verwendet werden.

e | Das Fleisch entlang der Mittelgräte einschneiden und ein Filet mit dem flach geführten Messer zum Rand hin auslösen.

f | Die drei anderen Filets genauso auslösen. Die Karkasse für den Fond beiseite legen. Die Filets sauber parieren.

SEEZUNGE FILETIEREN – **STOCKFISCH** VORBEREITEN

Stockfisch (Klippfisch)

vorbereiten

a
Stock- und Klippfisch muss zunächst je nach Salzgehalt und Härte bis zu 24 Stunden gewässert werden (das Wasser ggf. mehrmals wechseln, damit das Salz auslaugt). Die Fischstücke längs teilen.

b
Die Fischhälften quer in etwas kleinere Stücke schneiden. In einem weiten Topf Wasser zum Kochen aufsetzen.

c
Die Fischstücke in dem ungesalzenen kochenden Wasser 10–15 Minuten sieden lassen.

d
Stock- und Klippfisch werden häufig für Aufläufe oder Fischmassen verwendet. Dazu von den gegarten Fischstücken Haut und Gräten entfernen und das Fischfleisch grob zerpflücken.

Meeresfrüchte
von Austern bis Tintenfisch

MEERESFRÜCHTE

Austern

öffnen

a | Austern mit der gewölbten Seite nach unten halten. Mit dem Austernmesser am Scharnier einstechen.

b | Das Scharnier durchtrennen, mit dem Messer rundherum fahren und die obere Austernschale abheben.

c | Die Flüssigkeit im Inneren nicht verschütten. Mit dem Messer das Fleisch von der oberen Schale lösen.

Austern

Gratinierte Austern

1 Für 2 Personen 6 Austern waschen und öffnen (siehe links). Das Wasser auffangen, das Fleisch herausheben. Die unteren Schalen abtrocknen, auf grobem Salz warm stellen.

2 80 ml Fischfond und das Austernwasser in einem kleinen Topf aufkochen. Die Austern darin kurz pochieren. Den Fond auf die Hälfte reduzieren, je 1 Schuss Weißwein und flüssige Sahne zugießen, sämig einkochen und etwas abkühlen lassen. Die Sauce mit 1 Spritzer Champagner verfeinern. Je 1 EL geschlagene Sahne und Hollandaise (Seite 386) unterziehen. Die Sauce mit Salz und 1 Prise Cayennepfeffer abschmecken.

3 Austern mit der Sauce überziehen, unter dem Grill überbacken. Mit Petersilie und evtl. Kaviar garnieren.

Austernsalat mit Spinat

1 Für 4 Personen 24 Austern mittlerer Größe säubern und öffnen (siehe links). 80 ml trockenen Weißwein mit 2 TL fein gehackten Schalotten auf die Hälfte reduzieren. Die Austern darin kurz pochieren, dann den Fond auf etwa 2 EL reduzieren.

2 100 g jungen Blattspinat waschen, nach Belieben blanchieren, auf vier Tellern anrichten. Dazu die Austern legen. (Im Bild sind zusätzlich noch bissfest gegarte Möhren und gefüllte blanchierte Zucchini zu sehen.)

3 Aus ½ TL Dijonsenf, 2 EL Sherryessig, 6 EL Olivenöl, Salz und Pfeffer eine Vinaigrette rühren und über die Zutaten träufeln. Alles mit Schnittlauch bestreuen.

Austern servieren

Austern werden vorwiegend **roh verzehrt,** daher gelten für die Lagerung und Verarbeitung strenge **hygienische** Anforderungen.

Bis zur Verarbeitung die Austern in der **Original-Verpackung** aufbewahren. Das garantiert, dass das in den Muscheln befindliche **Seewasser** nicht ausläuft. Damit bleiben die Austern am **Leben** und die Schalen dicht geschlossen.

Achtung: Austern mit **geöffneten Schalen** sind tot! Da Vergiftungsgefahr durch Abbauprodukte besteht, müssen sie unbedingt **weggeworfen** werden.

Die wertvollen **Meerestiere** kann man außer roh als **kalte Vorspeise** auch als warmes (Vor-)Gericht, zum Beispiel in Sauce **pochiert,** in Hülle **gebraten** oder **gratiniert** servieren.

MEERESFRÜCHTE

Garnelen, rohe

auslösen

a | Die Garnelen waschen. Das Schwanzteil vom Kopfteil abdrehen, dann mit einer Schere die Unterseite des Schwanzteils aufschneiden.

b | Die Schale mit den Fingern rundum ablösen. Das letzte Schalenglied mit dem Schwanzfächer wird aber oft daran belassen.

c | Den Darmfaden, wenn er am oberen Ende des Schwanzteils herausragt, fassen und den Darm behutsam herausziehen.

d | Eine andere Möglichkeit, den Darm zu entfernen: Die Rückenseite der Garnele mit einem scharfen Messer nicht zu tief aufschneiden ...

e | ... und den auf diese Weise freigelegten Darm mit der Messerspitze am Ende anheben, dann vorsichtig herausziehen.

f | Alternativ den freigelegten Darm mit den Fingerspitzen fassen und unter fließendem kaltem Wasser herausziehen.

GARNELEN, ROHE AUSLÖSEN – SCHMETTERLING SCHNEIDEN

Garnelen, rohe

in Schmetterlingsform schneiden

a | Die bis auf den Schwanzfächer geschälte Garnele am Rücken längs tief ins Fleisch aufschneiden.

b | Das Schwanzfleisch dann auf der Arbeitsfläche flach ausbreiten (am Schnitt auseinanderklappen).

c | Das Fleisch mittig tief einschneiden. So rollen sich die Garnelen beim Frittieren dekorativ auf.

191

GARNELEN, GEGARTE AUSLÖSEN

Garnelen, gegarte

auslösen

a
Von den gekochten Garnelen (je nach Größe rechnet man 4–6 Minuten Garzeit) die Köpfe abziehen und wegwerfen.

b
Dann die Schale rund um das Schwanzfleisch mit den Fingern ablösen. Eventuell den Schwanzfächer aus dekorativen Gründen daran belassen.

c
Den Darmfaden, wenn er am Kopfende herausragt, mit den Fingern fassen und vorsichtig – ohne dass er reißt – herausziehen.

d
Andernfalls den Darm nach einem Rückenschnitt entfernen wie auf Seite 190 beschrieben (Step d, e). So vorbereitet können die Garnelen für warme und kalte Zubereitungen verwendet werden.

H MEERESFRÜCHTE

Hummer, gekochter

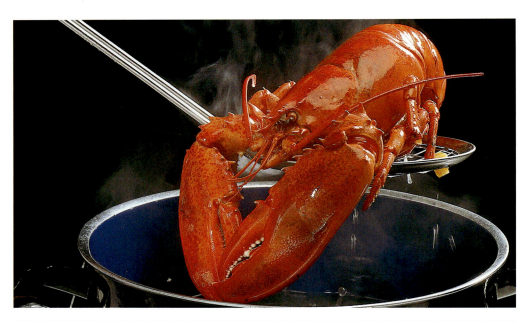

Schwanzfleisch auslösen

a | Hummer mit einer Hand am Brustpanzer packen, mit der anderen den Schwanz drehend herausziehen.

b | Den Hummerpanzer durch – ggf. mehrmaliges – ruckartiges Drücken mit dem Handballen anknacken.

c | Den Panzer von der Unterseite her aufbrechen; nun lässt sich das Fleisch leicht auslösen.

HUMMER, GEKOCHTER FLEISCH AUSLÖSEN – ZERLEGEN

Hummer, gekochter

zerlegen

a | Den Hummer mit einer Hand am Panzer festhalten, mit der anderen die Scheren mit drehender Bewegung vom Rumpf trennen.

b | Den Hummer gut festhalten und längs, ab der Vertiefung zwischen Kopf und Rumpf, entlang der Mittelnaht durchtrennen.

c | Auch den Kopf halbieren und die Antennen abtrennen. Aus dem Rumpf die grünliche Leber mit einem Löffel herausnehmen.

d | Den Darm vorsichtig ziehend entfernen (wenn der Hummer richtig geteilt ist, liegt der Kanal, in dem er sich befindet, offen). Dann die Beine abdrehen.

e | Den unteren Scherenfinger abbrechen. Die Schere vom darunter sitzenden Glied abdrehen. Das darin steckende Fleisch lässt sich leicht herausziehen.

f | Das große Scherenteil mit einem schweren Messer (Rücken) knacken. Das Fleisch aus Scheren und Beinen mit der Hummergabel herausziehen.

MEERESFRÜCHTE

Jakobsmuscheln

öffnen

a
Die Muschel mit der flachen Seite nach oben halten. Mit einem stabilen Messer zwischen die Schalen fahren und den Schließmuskel innen oben von der Schale schneiden.

b
Die obere Schale abheben. Mit dem Messer am grauen Rand das Muschelfleisch rundum auslösen und aus der unteren, gewölbten Schale heben.

c
Den grauen Rand vom weißen Muskelfleisch (auch Nüsschen genannt) und dem orangefarbenen Rogen (Corail) abziehen.

d
Weißes Fleisch und Rogen vorsichtig voneinander trennen. Beides kann in der Schale gratiniert werden (siehe rechts). Den grauen Rand kann man für einen Fischfond verwenden.

JAKOBSMUSCHELN ÖFFNEN – ZUBEREITEN J

Jakobsmuscheln

Gratinierte Jakobsmuscheln

1 Für 4 Personen 8 Jakobsmuscheln sorgfältig waschen und säubern. Die Muscheln wie auf Seite 196 gezeigt und beschrieben aus der Schale lösen.

2 Muskelfleisch und Rogen in etwa 1½ cm große Stücke schneiden. Die 4 gewölbten (unteren) Muschelschalen auswaschen.

3 100 g Schalotten und 2 Knoblauchzehen schälen. Schalotten sehr fein würfeln, den Knoblauch sehr fein hacken. 1 rote Chilischote längs halbieren, Samen und Scheidewände entfernen, das Fruchtfleisch sehr fein würfeln. 150 ml Sahne auf etwa ein Drittel einkochen lassen.

4 30 g Butter in einer Pfanne zerlassen und darin Schalotten, Knoblauch sowie Chili farblos anschwitzen (Step a).

5 Das Muschelfleisch zufügen und unter Wenden leicht angaren lassen (Step b). Mit Salz und Pfeffer würzen. 50 ml Fischfond angießen und einkochen lassen. 2 EL gehackte Petersilie einstreuen. Die eingekochte Sahne unterrühren.

6 Die Füllung in den gewölbten Muschelschalen verteilen, mit 30 g grob geriebenem Weißbrot vom Vortag bestreuen, mit 20 g kalter Butter in Flöckchen belegen und unter dem vorgeheizten Grill kurz goldgelb gratinieren. Die Jakobsmuscheln nach Belieben mit gehackten Kräutern bestreut servieren.

a In der Butter bei mittlerer Hitze und unter Wenden Schalotten, Knoblauch und Chili anschwitzen, ohne dass die Zutaten Farbe nehmen.

b Das Jakobsmuschelfleisch und den Rogen zur Schalottenmischung geben und unter Wenden angaren.

MEERESFRÜCHTE

Kalmar

vorbereiten

a | Den Kalmar gründlich waschen und die Körper (Tuben) häuten.

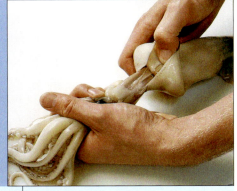

b | Die Arme (Tentakel) in die Hand nehmen und aus dem Körperbeutel ziehen.

c | Die Arme so abschneiden, dass sie durch einen Ring verbunden bleiben.

d | Tentakel greifen, die Kauwerkzeuge von unten herausdrücken und entfernen.

KALMAR VORBEREITEN K

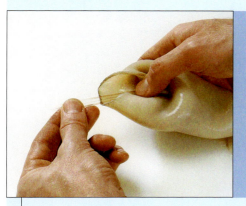

e | Das transparente Fischbein aus dem Kalmarmantel entfernen.

f | Tentakel und den Rumpf mit den anhängenden Flossen waschen, trockentupfen.

g | Die Flossen fassen und mit einem kräftigen Zug vom Körper ziehen.

h | Sollen die Tuben gefüllt werden, Tentakel und Flossen dafür klein würfeln.

199

MEERESFRÜCHTE

Languste

Gratinierte Languste

1 1 Languste in sprudelndem Salzwasser 4 Minuten kochen, herausheben, etwas abkühlen lassen und längs halbieren. Corail und Leber herauslösen wie in den Steps unten gezeigt und beschrieben. Beides zusammen durch ein Sieb streichen und kühl stellen. Magensack und Darm der Languste entfernen.

2 Für die Hollandaise 20 g Schalottenwürfelchen mit je 1 Zweig Estragon und Petersilie, ¼ Lorbeerblatt, 3 weißen Pfefferkörnern, 1 EL Weißweinessig, 4 EL Weißwein und 1 EL Wasser in einem Topf aufkochen lassen, auf ein Viertel reduzieren. Durch ein Sieb in eine Schüssel seihen und auf ein heißes Wasserbad setzen. 2 Eigelbe zufügen und aufschlagen, bis der Schneebesen deutliche Spuren in der Sauce hinterlässt.

3 90 g Butter klären wie auf Seite 124 beschrieben und abkühlen lassen. Die Butter erst tropfenweise, dann in dünnem Strahl unter die Sauce rühren, diese mit Cayennepfeffer, Salz und etwas Zitronensaft würzen. Die passierte Leber und den Corail der Languste sowie 1 EL halbsteif geschlagene Sahne unterrühren.

4 2 EL Olivenöl in einer Pfanne erhitzen und die Langustenhälften darin mit der Schnittfläche nach unten darin 2–3 Minuten anbraten, dann mit der Schnittfläche nach oben in eine ofenfeste Form legen. Die Sauce auf dem Langustenfleisch verteilen und die Langustenhälften im auf 200 °C vorgeheizten Ofen 10 Minuten gratinieren.

a

b

a
Den Corail mit einem Löffel herausheben. Er ist nach dem Vorgaren der Languste glänzend schwarz, nach dem Überbacken aber rot.

b
Auch die grünliche Leber herausheben. Beide Innereien sind Delikatessen. Sie verleihen v. a. Saucen eine besondere Note.

LANGUSTE GRATINIEREN – SCHWANZFLEISCH AUSLÖSEN L

Languste

Schwanzfleisch auslösen

a | Die (gekochte) Languste am Brustpanzer packen, mit der anderen Hand den Schwanz drehend herausziehen.

b | Languste auf den Rücken legen und an den Seiten den weichen unteren Panzer aufschneiden.

c | Das Schwanzfleisch vorsichtig mit einem Messer vom Panzer lösen, dann im Ganzen abheben.

MEERESFRÜCHTE

Languste

zerlegen (zum Servieren)

a | Die Messerklinge längs am Übergang vom Kopf- zum Schwanzteil einstechen.

b | Die Languste (einschließlich Schwanz) der Länge nach halbieren.

c | Das Tier um 180 Grad drehen und ebenso den Kopf halbieren.

d | Dabei zwischen den Augen und den Stirnhörnern durchschneiden.

e | Die beiden Langustenhälften sind nun sauber voneinander getrennt.

f | Am Antennengrundglied einen Schnitt anbringen, die Antennen abbrechen.

LANGUSTE ZERLEGEN (ZUM SERVIEREN)

g | Die Beine, auch die mit Scheren, mit einer Drehbewegung herausziehen.

h | Mit Hilfe eines Löffels das Fleisch an den Seiten von der Karkasse lösen.

i | Das Schwanzfleisch Richtung Kopf lösen, dabei mit Löffel und Gabel arbeiten.

k | Um die Beine auslösen zu können, zunächst die vorderen Gelenke abdrehen.

l | Beinschalen mit der Hummerzange aufbrechen, eventuell ein Stück aufschneiden.

m | Die Hummergabel in die Beinschale führen und das Fleisch herausziehen.

203

MEERESFRÜCHTE

Miesmuscheln

putzen

a | Die Muscheln sorgfältig unter fließendem kaltem Wasser waschen und abbürsten, um Sand- und Kalkreste zu entfernen.

b | Den Bart – die Haftfäden, mit denen sich die Tiere an Pfähle oder Felsen heften – mit den Fingern packen und abziehen.

MIESMUSCHELN PUTZEN – MUSCHELN AUSLÖSEN

Muscheln

auslösen (frische Muscheln)

a
Ein Messer zwischen die Muschelschalen (im Bild Venusmuscheln) schieben und den Muskel an der oberen Schale durchtrennen.

b
Die Muschel öffnen, dabei die austretende Flüssigkeit möglichst auffangen und weiterverwenden. Das Muschelfleisch von der unteren Schale rundum abschneiden und herausnehmen.

auslösen (gegarte Muscheln)

a
Bei gedämpften Miesmuscheln (Rezept siehe Seite 206) eine Muschelschale wie eine Zange verwenden, mit ihr das Fleisch aus den übrigen Exemplaren lösen.

b
Mit den Fingern den leicht zähen Mantelrand abziehen – das ist vor allem empfehlenswert, wenn die Muscheln für eine Suppeneinlage verwendet werden sollen.

MEERESFRÜCHTE

Muscheln
dämpfen

1 Für 8 Personen 4 kg Muscheln vorbereiten wie in den Steps auf Seite 204 gezeigt und beschrieben. Es eignen sich neben Miesmuscheln auch Herz- und Venusmuscheln.

2 Die Muscheln nochmals gründlich waschen, bereits geöffnete Exemplare wegwerfen. Die Muscheln in einem Sieb abtropfen lassen.

3 200 g Möhren und 120 g Lauch putzen, 2 Zwiebeln schälen und alles klein würfeln. 2 EL Öl in einem großen Topf erhitzen und das Gemüse darin bei geringer Hitze kurz anschwitzen (Step a).

4 2 Knoblauchzehen schälen und hacken. Die abgetropften Muscheln zum Gemüse geben. Knoblauch, ½ Lorbeerblatt und frische Kräuter nach Belieben zugeben, 1 l Weißwein angießen (Step b).

5 Die Muscheln im geschlossenen Topf bei mäßiger Hitze 6–8 Minuten im Dampf garen. Dabei öffnen sich die Schalen. Noch geschlossene Muscheln unbedingt wegwerfen.

Nun können die Muscheln sofort verzehrt werden. Man verteilt sie mit oder ohne Sud in Teller und reicht Brot (und nach Belieben auch Butter) dazu.

a

b

a Das fein geschnittene Gemüse in wenig Öl hell anschwitzen.

b Kräuter, die zu gedämpften Muscheln passen: z. B. eine Mischung aus Petersilie und Dill oder auch Thymian solo.

MEERESFRÜCHTE

Oktopus (Krake)

vorbereiten

a | Mit einem großen Messer den Körper des gesäuberten Oktopus von den Fangarmen schneiden.

b | An der Schnittstelle die harten Kauwerkzeuge ertasten, auf die andere Seite durchdrücken und abschneiden.

c | Die Haut des Oktopus mit Salz bestreuen und einreiben, so löst sie sich anschließend leichter.

d | Alternativ kann man den Oktopus auch 2 Minuten vorkochen. Dann lässt sich die Haut leicht von den Fangarmen abziehen.

e | Den Oktopus in kochendem Wasser oder Sud garen (etwa 30 Minuten pro Kilogramm). Weißweinkorken helfen beim Weichmachen.

f | Während des Garens probieren; zu lange gegart wird der Oktopus wieder hart. Dann die Arme in Stücke schneiden.

OKTOPUS VORBEREITEN – **SCAMPI** AUSBRECHEN

Scampi (Kaisergranat)

ausbrechen

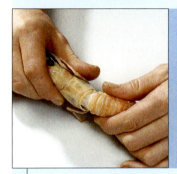

a | Das Tier an Schwanz- und Kopfteil fassen, mit einer Drehbewegung den Körper vom Schwanz trennen.

b | Den Panzer des Kaisergranat mit Daumen und Zeigefinger zusammendrücken, so dass er zerspringt.

c | Panzer mit beiden Händen von der Unterseite aus vollends aufbrechen und das zarte Fleisch freilegen.

d | Das Fleisch auf der Rückenseite mittig längs auf-, aber nicht durchschneiden und auseinanderklappen.

e | Mit Daumen und Zeigefinger den schwarzen Darm fassen und mit leichtem Zug aus dem Fleisch lösen.

f | Ausgelöster Scampo. Oft werden fälschlicherweise Riesengarnelenschwänze als »Scampi« angeboten.

MEERESFRÜCHTE

Schnecken
servieren

1 2 kg Meeresschnecken (z. B. Wellhornschnecken) unter fließendem kaltem Wasser waschen, in einem Sieb gut abtropfen lassen.

2 50 g Schalotten schälen und fein würfeln. 1 grüne Chilischote waschen, Samen und Scheidewände entfernen und das Fruchtfleisch fein würfeln. 200 g Chorizo (spanische Paprika-Rohwurst) in Scheiben schneiden.

3 2 EL Olivenöl in einem weiten Topf erhitzen, die Schalotten darin anschwitzen. Schnecken zugeben, leicht salzen und zugedeckt 1–2 Minuten garen. Chiliwürfel unterrühren, 50 ml Weißwein zugießen, zugedeckt noch 5 Minuten dünsten.

4 Nach dem Rezept auf Seite 407 zubereitete Tomatensauce zufügen und die Schnecken darin 10 Minuten offen köcheln. Salzen und pfeffern. Die Wurstscheiben einlegen und kurz erwärmen.

5 Die Schnecken mit der Tomatensauce in vorgewärmten tiefen Tellern anrichten und mit gehackter Petersilie bestreuen. Warm servieren. Das Fleisch aus den Schnecken holen wie unten gezeigt. Dazu nach Belieben frisches Weißbrot und einen kräftigen Weißwein reichen.

Schnecken – beliebt als Tapa

Um das Fleisch von Schnecken (im Bild Wellhornschnecken) aus dem Gehäuse zu bekommen, empfiehlt sich eine Hummergabel oder ganz einfach ein Zahnstocher.

SCHNECKEN SERVIEREN – TASCHENKREBS AUSBRECHEN

Taschenkrebs

ausbrechen

a | Vom Krebs die Scheren und Beine abdrehen, die Bauchplatte abheben und das Fleisch aus dem Panzer nehmen.

b | Die massiven Krabbenscheren knacken und auch aus diesen das – ausgesprochen schmackhafte – Fleisch auslösen.

MEERESFRÜCHTE

Tintenfisch

Tinte gewinnen

a | Aus fangfrischen Tintenfischen erst die Tinte entfernen: Fangarme abtrennen, den Körper vorsichtig aufschneiden und den Schulp herausnehmen.

b | Mit einem Daumen in die Körperhöhlung greifen und vorsichtig die Eingeweide herauslösen. Der Tintenbeutel darf dabei nicht verletzt werden.

c | Die Tinte mit Daumen und Zeigefinger aus dem Beutel drücken und auffangen. Sie kann für Saucen, Risotti und auch für Nudelteige verwendet werden.

vorbereiten

a | Bei küchenfertigen Tintenfischen beginnt man mit dem Abziehen der Haut (eventuell vorher einsalzen).

b | Körper und Fangarme jeweils nahe der Augen trennen. Den Körper nach Belieben in Ringe schneiden.

c | Die Fangarme umstülpen und die Kauwerkzeuge mit den Fingern auf die andere Seite durchdrücken.

Fleisch
von Bries bis Steak

FLEISCH

Bries

vor- und zubereiten

a | Das Bries unter fließendem kaltem Wasser wässern, um Blutreste zu entfernen. Dann in leicht gesalzenem Wasser blanchieren, kalt abschrecken, gut abtropfen lassen.

b | Mehr oder weniger fein zerteilt und hell angebraten wird Bries zum Beispiel zu Risotto serviert oder zu Füllungen, etwa für Pasta, weiterverarbeitet.

BRIES VOR- UND ZUBEREITEN – **CARPACCIO** GRUNDREZEPT

Carpaccio

Grundrezept

1 200 g sorgfältig pariertes Rinderfilet in etwa ½ cm dicke Scheiben schneiden. Vier große flache Portionsteller dünn mit nativem Olivenöl extra ausstreichen, mit Salz und weißem Pfeffer bestreuen.

2 Die Filetscheiben plattieren und anrichten wie in den Steps unten gezeigt und beschrieben.

3 Für die Sauce 1 EL grob gehackte Basilikumblätter, 1 EL Pinienkerne und 1 kleine geschälte Knoblauchzehe im Mörser zerstoßen. Mit 1 EL geriebenem Parmesan und 2–3 EL nativem Olivenöl extra zu einer glatten Paste verrühren.

4 Die Basilikumsauce über die ausgelegten Fleischscheiben träufeln.

Im Bild oben ist das Carpaccio zusätzlich mit blanchierten und in Butter gebratenen Kartoffelwürfelchen, mit bunten Paprikawürfelchen sowie mit Kräuterblättchen angerichtet.

a
Die einzelnen Filettranchen zwischen Klarsichtfolien legen, die vorher mit Olivenöl bestrichen wurden. Mit dem Plattiereisen hauchdünn plattieren.

b
Die Fleischscheiben auf den mit Öl und Gewürzen versehenen Teller so anrichten, dass sie sich leicht überlappen.

FLEISCH

Fleisch

bardieren, mit Speckstreifen

a | Gitterförmig bardiert wird mageres Fleisch mit etwa 1 cm breiten, möglichst langen Speckstreifen.

b | Aus den Streifen ein Gitter flechten, dann mit Küchengarn – wie beim Rollbraten (siehe Seite 237) – festbinden.

bardieren, mit Speckscheiben

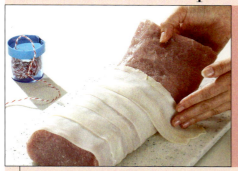

a | Um ein Fleischstück komplett einzuhüllen, benötigt man sehr dünne, breite Scheiben von fettem Speck. Diese leicht überlappend …

b | … auf das Fleisch legen und mit Küchengarn fixieren wie auch auf Seite 237 beschrieben.

FLEISCH BARDIEREN – BRATEN, IN DER PFANNE F

Fleisch

braten, in der Pfanne

a
Am Beispiel der Zubereitung von Chateaubriand. Das Fleisch mit dem Plattiereisen oder mit der Hand auf 4 cm Höhe zusammendrücken.

b
In einer Pfanne etwa 3 EL Sonnenblumenöl stark erhitzen und das Fleisch darin von beiden Seiten scharf anbraten.

c
Erst danach das Filetstück auf beiden Seiten mit Salz und Pfeffer bestreuen und die Hitze reduzieren.

d
Etwa 500 g Butter in die Pfanne geben und das Chateaubriand unter ständigem Wenden und Begießen mit dem Bratfond fertig braten. Vor dem Aufschneiden kurz ruhen lassen.

FLEISCH

Fleisch

braten, im Wok

a | Den Wok erhitzen, wenig hoch erhitzbares Öl hineingeben, vorbereitete Aromatzutaten wie (Frühlings-)Zwiebeln, Knoblauch oder Ingwer leicht Farbe nehmen lassen.

b | In feine Streifen geschnittenes Fleisch – es eignen sich alle Arten – zugeben und 2–3 Minuten unter Rühren braten, so dass es gerade noch keine Farbe annimmt.

c | In gleichmäßige Streifen geschnittenes Gemüse zugeben – je nach Konsistenz auch nacheinander – und alles einige Minuten pfannenrühren.

d | Sobald das Gemüse gerade bissfest gegart ist, das Wokgericht mit einer Sauce – z. B. auf Basis von Sojasauce vollenden und abschmecken.

Fleisch

braten, in der Bratfolie

a | Beim Garen in der Bratfolie – der Folienschlauch muss ausreichend groß und dicht verschlossen sein – bleibt die Temperatur im Inneren der Folie durch die Feuchtigkeit geringer als im Ofen selbst, das Fleisch wird dadurch zart und saftig.

b | Der Dampf entweicht durch ein zuvor oben eingestochenes Loch. Für einen Braten rechnet man je 1 cm Fleischhöhe 12–15 Minuten bei 200–220 °C, nach der Hälfte der Garzeit die Temperatur auf 180 °C zurückschalten.

F FLEISCH

Fleisch

Garprobe

a | Prüft man den Garzustand mit den Fingerspitzen, so sollte man das an einer mageren Stelle des Bratens tun. Je mehr Muskelfleisch durchgegart ist, umso weniger gibt es nach.

b | Die »sichere« Methode: Mit einem Fleischthermometer – zu vielen Backöfen als Zubehör erhältlich – die Kerntemperatur messen. Dafür den Fühler in die Mitte des Bratens stecken.

FLEISCH GARPROBE – MARINIEREN

marinieren (Fleischstücke)

a
In mundgerechte Stücke geschnittenes Fleisch (im Bild Schweinefleisch und -nieren) in einer Marinade wenden, bis es rundum überzogen ist.

b
Fleischscheiben (im Bild vom Lamm) können auch mit grobstückigen Zutaten mariniert werden. Das Fleisch während der Marinierzeit mehrmals umschichten und mit dem Marinieröl begießen.

marinieren (Fleischteile)

a
Die Schwarte (im Bild eine Spanferkelkeule) rautenförmig einschneiden. Das Fleisch behutsam mit der Hälfte einer Marinade überziehen.

b
Damit das Fleisch im Ofen oder auch unter/auf dem Grill nicht austrocknet, das Stück während des Bratens/Grillens immer wieder mit der restlichen Marinade bepinseln.

FLEISCH

Fleisch

parieren

a | Am Beispiel Rinderfilet: Die seitlich entlanglaufende stark durchwachsene so genannte Kette abtrennen.

b | Anschließend das aufliegende Fett dünn von der Unterseite des Filets wegschneiden.

c | Zuletzt vorsichtig und mit flach geführter Messerklinge die Sehne auf der Oberseite abtrennen.

FLEISCH PARIEREN – SCHNEIDEN

schneiden

a | Fleisch quer zur Faser geschnitten: So eignet es sich gut zum Kurzbraten, das Fleisch, hier Rinderfilet, bleibt zart.

b | Will man Steaks z. B. aus der Rinder-Hochrippe schneiden, durchtrennt man die Muskelfaserbündel ebenfalls quer.

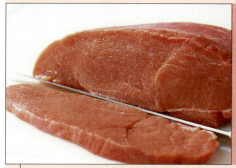

c | Auch die Schnitzel aus der Oberschale, hier vom Milchkalb, schneidet man quer zur Faser, damit sie schön zart werden.

d | Für Würfel Fleisch (im Bild Rindfleisch) zunächst in Scheiben, diese in Streifen und diese wiederum quer schneiden.

Fleisch

spicken, mit Knoblauch

a | Fleisch mit einem spitzen Messer sehr flach einstechen. Beim Herausziehen je einen Knoblauchstift in die Tasche schieben.

b | Zum Spicken mit Knoblauch eignet sich z. B. Zickleinkeule gut. Das gespickte Fleisch rundum in der Fettpfanne des Backofens auf der Kochstelle anbraten, grob geschnittenes Gemüse kurz mitbraten. Die Keule im vorgeheizten Backofen bei 180 °C in 35–40 Min. fertig braten. Vor dem Servieren kurz ruhen lassen.

spicken, mit Speck

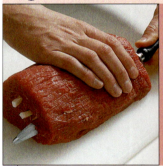

a | Mit einem Wetzstahl in Faserrichtung durch das Bratenstück (im Bild Rinderbraten) stechen.

b | Tiefgefrorene Speckstreifen jeweils sofort durch die entstandene Öffnung schieben (sonst werden sie weich).

c | Oder eine Spicknadel nehmen. In die wird ein Speckstreifen geklemmt und durch das Fleisch gezogen.

FLEISCH SPICKEN – ZUSAMMENNÄHEN

zusammennähen

a | In ein nicht zu dünnes Fleischstück (im Bild eine Kalbsbrust) eine Tasche schneiden. Die Tasche von innen würzen und die Masse nicht zu prall einfüllen.

b | Die Fleischränder mit Küchengarn zusammennähen, dabei eine Spezialnadel für Fleisch verwenden (siehe auch das Bild unten). Die Garnenden verknoten.

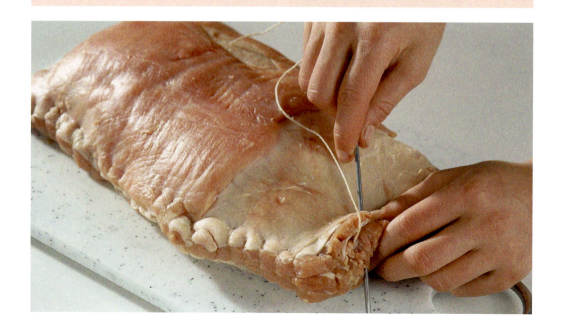

FLEISCH

Hackfleisch

durchdrehen

a
Rindfleisch, durch die gröbste Scheibe eines Fleischwolfs gedreht, kommt etwa 1 cm dick aus der Lochscheibe. Man verwendet es z. B. zum Klären von Fonds oder für grobe Bratwürste.

b
Schweinefleisch, durch die mittlere grobe Scheibe gedreht. Die Fleischstränge werden dabei etwa 5 mm dick. Das meistverwendete Hackfleisch, z. B. für Frikadellen oder Hackbraten.

c
Mageres Kalbfleisch, durch die mittlere feine Scheibe gedreht. Die Fleischstränge werden hier etwa 3 mm dick. Dieses feine Hackfleisch benötigt man für Farcen, Fleischbällchen und Füllungen.

d
Mageres und sehnenfreies Rindfleisch, durch die feinste Scheibe gedreht, hat nur noch einen Durchmesser von 1,5 mm. So fein sollte Hack für Tatar, Schabefleisch und Ähnliches sein.

HACKFLEISCH DURCHDREHEN – FRIKADELLEN ZUBEREITEN

Frikadellen zubereiten

1 Mittelgrobes gemischtes Hackfleisch aus 250 g Rind- und 100 g magerem Schweinefleisch herstellen oder beim Metzger besorgen.

2 1 Zwiebel und 2 Knoblauchzehen schälen und sehr fein hacken. 1 rote Chilischote putzen, Samen und Scheidewände entfernen und das Fruchtfleisch fein hacken.

3 In einer Schüssel das Hackfleisch mit Zwiebeln, Knoblauch und Chili sowie 1 EL gehackten Kräutern (Petersilie, Thymian), 1 Ei, Salz und Pfeffer gut vermengen.

4 Aus dem Fleischteig acht Frikadellen formen wie in den beiden Steps unten gezeigt und beschrieben.

5 In einer entsprechend großen Pfanne 40 g Butter und 2 EL Öl erhitzen, 4 Thymian- und 1 Rosmarinzweig sowie 2 angedrückte Knoblauchzehen einlegen.

6 Die Frikadellen einlegen und auf beiden Seiten 2–3 Minuten braten, bis sie schön gebräunt sind.

a
Mit angefeuchteten Händen aus dem Fleischteig acht gleich große Bällchen formen.

b
Jedes Fleischbällchen auf einer Arbeitsfläche vorsichtig etwas flach drücken.

FLEISCH

Lamm

Keule entbeinen, binden

 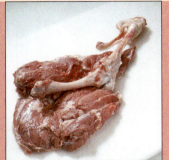 

a | Die Naht zwischen Oberschale und Nuss trennen. Den Oberschenkelknochen freilegen und den Knochen vom Fleisch lösen.

b | Anschließend auch den Unterschenkelknochen vollständig freilegen und im Kniegelenk vom Oberschenkelknochen trennen.

c | Die Keule in Form binden. Das freigelegte Beinfleisch kann in die Hohlräume zwischen Oberschale und Nuss gelegt werden.

Keule, im Ganzen gebratene, tranchieren

a | Fleisch innen (im Bild vorne) vom Knochen schneiden. Haxe abtrennen. Die Nuss am Kugelgelenk mit einem Schnitt vom Knochen lösen.

b | Dann den Röhrenknochen freilegen: Den Knochen anheben, das Kugelgelenk umschneiden und den Knochen auslösen.

c | Die ausgelösten Fleischteile jeweils quer zur Faser in gleichmäßige Scheiben schneiden und servieren.

Lamm

Lammkotelett

Aus dem Lammrücken kann man verschiedenste **Kotelettstücke** schneiden: Das **Mittelkotelettstück** trennt man oben am letzten Brustwirbel ab, das **Lendenkotelett** – im Ganzen gebraten eine Spezialität – unten vor dem ersten Kreuzbeinwirbel. Auch das **Rippenstück** liefert zarte Koteletts, die zum **Grillen oder Kurzbraten** ideal sind.

Bei größeren Lämmern wird der Rücken in der Regel längs geteilt, so dass einzelne Koteletts anfallen. Bei **jüngeren Tieren** wird der Rücken meist unzerteilt als Doppelrücken angeboten, aus dem man **Schmetterlingskoteletts** schneidet. Doch nicht allein der Rücken, auch der **Kamm** des Lamms kann in – gut marmorierte und damit saftige – Koteletts zerteilt werden.

Lammkoteletts mit Kräutern

1 4 geputzte Lammstielkoteletts von je 50 g salzen und pfeffern. 2 EL Olivenöl in einer Bratpfanne erhitzen.

2 Darin 1 angedrückte Knoblauchzehe sowie 1 kleinen Zweig Rosmarin und 2 Zweige Thymian 1–2 Minuten anschwitzen.

3 Die Koteletts einlegen, von jeder Seite 1–2 Minuten braten, herausnehmen und warm stellen. Den Bratensatz mit 200 ml Lammfond ablösen, einkochen lassen und mit Salz und Pfeffer würzen.

Dazu passt mediterranes Gemüse und Reis.

Zitronen-Lammkoteletts

1 Fruchtfleisch von 1 roten Chilischote fein hacken. 1 geschälte Knoblauchzehe fein hacken.

2 Chili und Knoblauch mit der abgeriebenen Schale von 1 unbehandelten Zitrone, ¼ TL gemahlenem Koriander und etwas Salz in einem Mörser fein zerreiben. 40 g fein geschnittene Zwiebel, 2 EL Zitronensaft, 1 EL Honig und 2 EL Olivenöl unterrühren.

3 8 Lammkoteletts mit langen, geputzten Knochen (so beim Metzger vorbestellen) mit der Würzmischung bestreichen, zudecken und 2–3 Stunden im Kühlschrank marinieren.

4 3 EL Olivenöl zum Braten in einer Pfanne erhitzen. Die Lammkoteletts aus der Marinade nehmen, abtupfen und im heißen Öl von beiden Seiten 3–4 Minuten bei mittlerer Hitze braten.

FLEISCH

Leber

vorbereiten

a | Die Leber (im Bild vom Schwein) sorgfältig von Haut und Röhren befreien.

b | Die Leber längs halbieren und quer in dünne Scheiben schneiden. Diese pfeffern.

c | Leber in Mehl wenden und kurz braten. Dazu passt Zwiebelgemüse (unten).

Nieren

vorbereiten

a | Nieren (hier vom Schwein) gründlich wässern, um sie von unangenehmem Harngeschmack zu befreien.

b | Nieren trockentupfen, die dünne Haut abziehen, Talgreste außen abschneiden. Die Nieren halbieren.

c | Zuletzt die innenliegenden Röhren und Fettablagerungen entfernen. Nieren in Streifen schneiden, braten.

FLEISCH

Ochsenschwanz

Klare Ochsenschwanzsuppe zubereiten

1 800 g Ochsenschwanz zerteilen wie in den Steps unten gezeigt und beschrieben. 1,2 kg Kalbs- und Rinderknochen in Stücke hacken.

2 200 g Zwiebeln, 100 g Möhren und 80 g Knollensellerie schälen, 100 g Lauch putzen. Das Gemüse in grobe Stücke schneiden.

3 100 g Butter in einem Bräter zerlassen. Ochsenschwanz, Knochen sowie das Gemüse zufügen, alles bei 180 °C im vorgeheizten Ofen anbraten und etwas Flüssigkeit ziehen lassen. Unter mehrmaligem Wenden Farbe nehmen lassen.

4 Sobald die Flüssigkeit vollständig verdampft ist, 1 EL Tomatenmark zufügen und trockenrösten. ¾ l kräftigen Weißwein in mehreren Portionen zugießen und jeweils völlig einkochen lassen, dadurch verliert das Tomatenmark an Süße und die Farbe wird noch intensiver. Knapp mit kaltem Wasser bedecken.

5 Je 1 Zweig Thymian, Rosmarin und Salbei sowie je 1 Stängel Petersilie und Basilikum einlegen. Offen auf dem Herd bei geringer Hitze köcheln lassen. Nach 3–3 ½ Stunden die Ochsenschwanzstücke ausstechen und beiseite stellen.

6 Das Ochsenschwanzfleisch von den Knochen lösen, auf einem Teller leicht pressen und auskühlen lassen, anschließend klein würfeln. Den Fond aus dem Bräter durch ein Sieb gießen, vollständig auskühlen lassen und entfetten.

7 Für die Klärmischung 120 g Möhren, 60 g Petersilienwurzel und 100 g Lauch schälen bzw. putzen. Möhren und Petersilienwurzel in grobe Stücke, den Lauch in dünne Ringe schneiden.

8 400 g Rindfleisch von der Wade mit den Möhren und der Petersilienwurzel durch die grobe Scheibe des Fleischwolfs drehen.

9 Mit 5 Eiweißen, 2 Nelken, 1 Lorbeerblatt, 3 Pimentkörnern, 10 weißen Pfefferkörnern, je 1 Zweig Thymian und Rosmarin, 1 Basilikumstängel, ½ TL Majoranblättchen, 2 Knoblauchzehen, 1 EL Aceto balsamico und Salz vermischen und den Ochsenschwanzfond zugießen.

10 Aufkochen lassen, dabei ständig am Topfboden rühren, damit das Eiweiß nicht anhängt. Nicht mehr rühren, sobald dichter Schaum aufsteigt, 40–45 Minuten sieden lassen.

11 Etwa 10 Minuten vor Ende der Garzeit 6 cl trockenen Sherry zugießen. Die fertige Ochsenschwanzsuppe durch ein mit einem feinen Tuch ausgelegtes Sieb gießen. Nach Belieben mit dem Ochsenschwanzfleisch als Einlage servieren.

a Die Gelenke des Ochsenschwanzes mit dem Daumen ertasten und mit einem schweren Messer durchtrennen.

b Auf diese Weise den ganzen Schwanz bis zur Spitze in Segmente teilen.

OCHSENSCHWANZ SUPPE ZUBEREITEN – **RINDERFILET** ZERTEILEN

Rinderfilet

zerteilen

a
Aus dem Mittelstück können das Chateaubriand (400 g), Filetsteaks (200–240 g) oder Tournedos (3 cm dick) geschnitten werden.

b
Aus dem dickeren Teil der Filetspitze gewinnt man Medaillons oder dünne Filets mignons. Die eigentliche Spitze schneidet man in Gulaschwürfel.

c
Vom Filetkopf entweder quer zur Faser Steaks abschneiden oder das Stück entlang dem großen Muskelstrang längs in zwei Hälften teilen.

d
Die beiden Teile des Filetkopfes so zuschneiden, dass zwei Steaks und ein Tournedo entstehen. Den Rest in große Würfel (Filetgulasch) schneiden.

Rinderrouladen

Rouladen zubereiten

1 4 Rinderrouladen aus der Oberschale (je etwa 180 g) einzeln zwischen Klarsichtfolie plattieren (siehe Seite 238). Die Rouladen salzen und pfeffern. 100 g Gewürzgurken längs in etwa 5 mm dicke Streifen schneiden. 2 kleine Zwiebeln schälen, halbieren und in Scheiben schneiden.

2 8 Scheiben Räucherspeck, edelsüßes Paprikapulver, etwas Mehl und Küchengarn bereithalten. Die Rouladen belegen und aufrollen wie in den Steps unten gezeigt und beschrieben; leicht mit Mehl bestauben.

3 1 Möhre, 1 Petersilienwurzel und 1 Knoblauchzehe schälen, 1 Stange Staudensellerie und 80 g Lauch putzen, alles klein würfeln.

4 In einem Schmortopf 4 EL Öl erhitzen und die Rouladen darin rundum anbraten, dann aus dem Topf nehmen.

5 Das klein gewürfelte Gemüse in den Topf geben und anschwitzen. 2 EL Tomatenmark einrühren, alles mit ⅛ l Rotwein ablöschen und diesen kurz einkochen lassen. 400 ml Rinderfond zugießen, die Rouladen wieder einlegen und bei geringer Hitze zugedeckt 45–60 Minuten köcheln lassen.

6 Die Rouladen aus dem Topf nehmen und warm halten. Die Schmorflüssigkeit durch ein feines Sieb passieren, etwas einkochen lassen.

7 Die Rouladen mit der Sauce auf vorgewärmten Tellern anrichten. Dazu passt Kartoffelpüree (Rezept Seite 37).

Rouladen füllen und rollen

a Rouladenfleisch ausbreiten, mit Speck, Gurken- und Zwiebelscheiben belegen.

b Füllung mit Paprika bestauben. Fleisch an den Seiten einschlagen, aufrollen.

c Die Rouladen wie kleine Pakete mit Küchengarn verschnüren.

RINDERROULADEN ZUBEREITEN – **ROLLBRATEN** BINDEN

Rollbraten

binden

a | Methode 1: Rollbraten durchgehend gebunden. Das Fleisch wie ein Päckchen verschnüren, es gibt nur zwei Knoten.

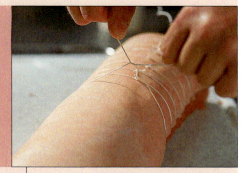

b | Methode 2: Rollbraten einzeln verschnürt. Das Garn nach jeder Umwicklung verknoten und die Garnenden abschneiden.

S FLEISCH

Schnitzel

panieren

a | Um Schnitzel zu panieren, das Fleisch zuerst in Mehl wenden, überschüssiges Mehl abklopfen.

b | Die Schnitzel dann so durch die verquirlten Eier ziehen, dass sie vollständig von Ei umhüllt sind.

c | Die Schnitzel zum Schluss in den Semmelbröseln wenden, diese – nicht zu fest – andrücken.

plattieren

a | Am Beispiel von Paillards, dünnen Tranchen aus der Kalbslende.

b | Die Fleischscheiben aufgeklappt auf Klarsichtfolie legen, mit Folie abdecken.

c | Mit einem Plattiereisen die Scheiben gleichmäßig flach klopfen (»plattieren«).

FLEISCH

Schwarte

einschneiden

a | Das Fleisch (im Bild ein Schinkenbraten) etwa 40 Minuten in kräftigem Gemüsesud garen, dann aus dem Topf nehmen.

b | Die Schwarte mit einem scharfen Messer quer im Abstand von 1,5–2 cm bis auf die Fettschicht hinunter einschneiden.

c | Die Schwarte auf dieselbe Weise auch längs einschneiden. Anschließend bei 160 °C etwa 2½ Stunden im Ofen garen.

Spareribs zubereiten

Hierzulande werden für Spareribs so genannte Leiterchen (geteilte Rippen) oder Schälrippchen (vom Schweinebauch abgeschält) verwendet. In Amerika wird die Brustspitze (dicke Rippe) bevorzugt.

1 Welches Fleischstück auch verwendet wird, in jedem Fall müssen die Spareribs vor dem Garen mit einer pikanten Marinade bestrichen (Step a) werden und mindestens 1 Stunde durchziehen.

2 Zum Marinieren eignet sich beispielsweise eine Mischung aus Honig, Ananassaft, Öl, etwas Essig und Chilisauce oder auch eine Senf-Honig-Öl-Marinade. Wenn es asiatisch schmecken soll, kommen Sojasauce, Öl, Reiswein und chinesisches Fünfgewürzpulver in Frage.

3 Leiterchen und Schälrippchen im auf 220 °C vorgeheizten Backofen etwa 20 Minuten braten, dann weitere 30–45 Minuten bei 200 °C. Die Stücke immer wieder wenden. Alternativ kann man die Spareribs auch auf dem Holzkohlegrill oder auf der Grillplatte (siehe das Bild oben) zubereiten.

4 Spareribs aus der dicken Rippe im vorgeheizten Ofen bei 180 °C schmoren. Als Faustregel für die Garzeit gelten etwa 50 Minuten pro 500 g Fleisch.

5 Stücke vor dem Servieren in einzelne Rippchen zerteilen (Step b).

a Die Rippchen mit der Marinade bestreichen.

b Nach dem Garen die Spareribs in die einzelnen Rippchen zerteilen.

S FLEISCH

Speck

auslassen

a | Grünen fetten Speck (in einigen Fällen wird aber auch durchwachsener leicht geräucherter Speck im Rezept verlangt; siehe unten) in eine heiße, eventuell leicht gefettete Pfanne geben.

b | Die Speckwürfelchen unter gelegentlichem Wenden in der heißen Pfanne nach und nach ihr Fett abgeben lassen und braten, bis sie knusprig sind. Passt zu deftigen (Gemüse-)Gerichten.

242

SPECK AUSLASSEN – **STEAK** BRATEN (GARGRADE)

Steak

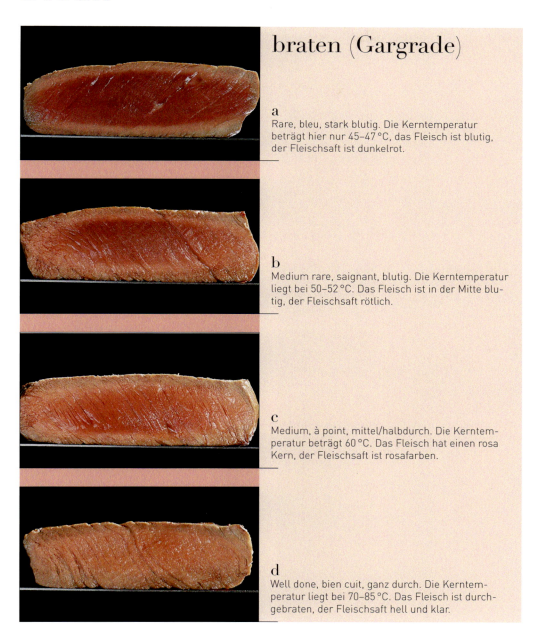

braten (Gargrade)

a
Rare, bleu, stark blutig. Die Kerntemperatur beträgt hier nur 45–47 °C, das Fleisch ist blutig, der Fleischsaft ist dunkelrot.

b
Medium rare, saignant, blutig. Die Kerntemperatur liegt bei 50–52 °C. Das Fleisch ist in der Mitte blutig, der Fleischsaft rötlich.

c
Medium, à point, mittel/halbdurch. Die Kerntemperatur beträgt 60 °C. Das Fleisch hat einen rosa Kern, der Fleischsaft ist rosafarben.

d
Well done, bien cuit, ganz durch. Die Kerntemperatur liegt bei 70–85 °C. Das Fleisch ist durchgebraten, der Fleischsaft hell und klar.

Geflügel & Wild
von Ente bis Reh

GEFLÜGEL & WILD

Ente

füllen und dressieren

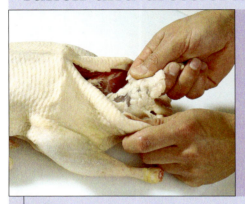

a | Das Fett in der Bauchhöhle (des bereits ausgenommenen Geflügels) mit den Fingern lösen und entfernen. Die Ente innen salzen und pfeffern.

b | Die Füllung (Brot-Hack) mit einem Löffel in die Bauchhöhle geben. Nicht zu voll stopfen, da sich die Füllung beim Garen noch ausdehnt.

c | Die Bauchöffnung schließen: Die Hautkanten mit Daumen und Zeigefinger zusammendrücken und mit Holzspießchen zustecken.

d | Die Spießchen von oben nach unten mit Küchengarn umwinden. Dabei das Garn nach jedem Spießchen kreuzen, die Enden verknoten.

ENTE FÜLLEN UND DRESSIEREN

e | Die Ente auf die Brustseite legen und die Flügelspitzen unter das zweite Armgelenk stecken, die Halshaut nach oben auf den Rücken klappen.

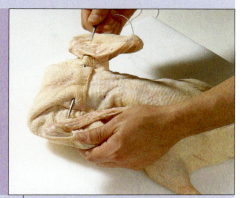

f | Küchengarn mit einer Nadel durch beide Flügelteile, dann durch die Halshaut, unter dem Rückenknochen hindurch und durch den zweiten Flügel ziehen.

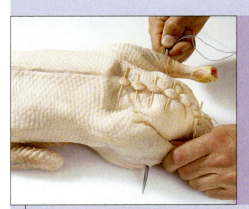

g | Nun die Nadel durch die Hinterschenkel stechen und so weit durchschieben, dass sie an dem anderen Schenkel austritt. Das Garn nachziehen.

h | Die Garnenden verknoten. Die Entenschenkel sollen nun waagerecht nach hinten zeigen, das Geflügel soll flach auf dem Brett liegen.

GEFLÜGEL & WILD

Entenbrust

vor- und zubereiten

a | Auf der Hautseite der Entenbrust das Fett mit einem scharfen Messer im Karomuster bis knapp über das Fleisch einschneiden.

b | Das Fleisch salzen und pfeffern, in heißem Öl auf der Hautseite anbraten und gut Farbe nehmen lassen, dann wenden.

c | Die Entenbrust auf der zweiten Seite etwas kürzer braten. Vor dem Aufschneiden in Alufolie gewickelt etwas ruhen lassen.

ENTENBRUST VOR- UND ZUBEREITEN – **GANS** TRANCHIEREN

Gans

tranchieren

a
Die Gans auf den Rücken legen. Mit der Fleischgabel den Flügel leicht vom Körper wegziehen und das Gelenk durchschneiden.

b
Keulenknochen zwischen die Zinken der Fleischgabel nehmen. Die Keule am Rumpf entlang einschneiden und das Gelenk durchtrennen.

c
Bei großen Tieren können die Keulen nochmals geteilt werden: Am Knochenende festhalten und das Gelenk durchschneiden.

d
Die Gans mit der Fleischgabel festhalten und das Brustfleisch parallel zum Brustbein in gleichmäßige Tranchen schneiden.

GEFLÜGEL & WILD

Geflügel

auftauen

a | Vor dem Auftauen die Verpackung von tiefgekühltem Geflügel vollständig entfernen und wegwerfen.

b | Das Geflügel in ein Gefäß mit Siebeinsatz legen, abgedeckt im Kühlschrank langsam auftauen lassen.

c | Das Auftauwasser wegschütten, keinesfalls mit Speisen in Berührung bringen: Salmonellengefahr.

GEFLÜGEL AUFTAUEN – AUSNEHMEN UND VORBEREITEN

Geflügel

ausnehmen, küchenfertig vorbereiten

a | Am Hals die Drüsen und das Fett mit den Fingern lösen, herausholen und vorsichtig wegschneiden.

b | Das Geflügel anschließend außen und innen unter fließendem kaltem Wasser sehr sorgfältig waschen.

c | Gut abtropfen lassen, drehen, damit auch das Wasser aus der Bauchhöhle ablaufen kann.

d | Das Geflügel mit einem Leinentuch (Kochwäsche!) oder mit Küchenpapier sorgfältig innen und außen trockentupfen.

e | Damit die Keulen beim Garen nicht hochstehen, zwei kleine Schnitte links und rechts der Bauchöffnung machen.

f | Durch diese Einschnitte in der Bauchdecke die beiden Unterschenkel stecken. So bleibt das Geflügel beim Garen in Form.

GEFLÜGEL & WILD

Geflügel

braten, im Ofen

1 Den Backofen auf 220 °C vorheizen. Eine küchenfertige Gans innen und außen kalt abwaschen, trockentupfen, innen und außen salzen. Nach Belieben in die Bauchhöhle Apfelstücke und Kräuter füllen. Die Öffnung dann verschließen.

2 50 g Butterschmalz zerlassen. Die Gans in einen Bräter legen, mit dem Butterschmalz übergießen und im heißen Ofen beidseitig anbraten.

3 Die Backofentemperatur auf 200 °C zurückschalten und die Gans unter öfterem Wenden und Begießen mit Bratfett je nach Größe 45 Minuten braten, dann weitere 2 Stunden bei 180 °C.

4 Um festzustellen, ob der Garpunkt erreicht ist, entweder ein Bratenthermometer verwenden (Fleisch-Kerntemperatur von 80–90 °C) oder eine Gabel in die Keulen stechen, die Gans aus dem Bräter nehmen und den Saft aus dem Fleisch auf einen Teller tropfen lassen. Bei noch nicht durchgebratenem Geflügel ist der austretende Saft noch blutig, ansonsten ist er klar.

5 Für die letzten 10 Minuten der Garzeit Röstgemüse in den Bräter geben und mitbraten.

6 Die fertig gegarte Gans aus dem Bräter nehmen, überschüssiges Fett vom Bratsatz abgießen, den Bratsatz auf der Kochstelle mit Geflügelbrühe loskochen. Die Sauce passieren, nochmals aufkochen und durch Reduzieren oder mit angerührter Stärke leicht binden.

Geflügel & Hygiene

Obwohl **Salmonellen** überall vorkommen und damit auch in anderen Tierbeständen, stellt gerade Geflügelhaut für die Keime, die üble **Magen-Darm-Beschwerden** auslösen können, ein ideales Keimbett dar. Man kann sich nur durch absolute **Hygiene** schützen. Das bedeutet, in der Küche sehr sauber zu arbeiten und Geflügel immer **gut durchzugaren**. Dabei sollte man sich nicht vor allem auf die eigene **Garprobe** verlassen. Das Geflügel ist gar, wenn sich das Fleisch von den Beinknochen löst und der beim **Anstechen** austretende Saft wasserklar ist. Oder ein **Fleischthermometer** verwenden: Das Geflügel ist gar, wenn die **Kerntemperatur** im Fleisch 80–90 °C, in einer vorgegarten Füllung 75 °C beträgt (siehe oben).

252

GEFLÜGEL BRATEN – FÜLLEN

Geflügel

en crapeaudine

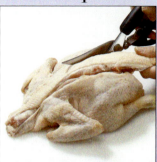

a | Am Beispiel eines Hähnchens: Mit einer Schere rechts und links etwa 1 cm neben dem Rückgrat entlangschneiden.

b | Das Rückgrat mit Bürzel und Hals entfernen. Das Geflügel mit der Brust nach oben hinlegen und das Brustbein flach drücken.

c | In die Bauchhaut unten seitlich rechts und links jeweils ein Loch stechen und die Unterschenkel durchstecken.

füllen (einfache Art)

a | Ein küchenfertiges Hähnchen würzen, mit pikant abgeschmeckter Brot-Leber-Käse-Füllung nicht zu straff füllen.

b | Die Öffnung mit Zahnstochern oder auch mit Küchengarn sorgfältig verschließen. Die Keulen am Gelenk zusammenbinden.

Geflügel

füllen, nach dem Entbeinen

a | Das Geflügel (im Bild ein Stubenküken) am Rücken mit der Geflügelschere aufschneiden.

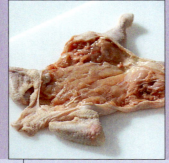

b | Mit einem scharfen, spitzen kleinen Messer nach und nach alle Rumpfknochen vorsichtig auslösen.

c | Füllung (hier eine Brot-Nuss-Füllung) in der Mitte des ausgebreiteten Rumpffleisches verteilen.

d | Die Haut von den Seiten her über die Füllung ziehen und mit Holzstäbchen zusammenstecken.

e | Das Hähnchen umdrehen, die Keulen anlegen und überkreuzen, mit Küchengarn fixieren.

GEFLÜGEL FÜLLEN (ENTBEINT) – FÜLLEN, UNTER DER HAUT

Geflügel

füllen, unter der Haut

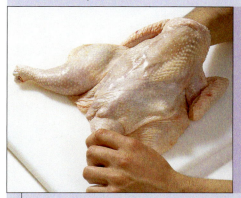

a | Vom Hals aus die Haut in Richtung Bürzel bis zum Anfang des Oberschenkels vom Fleisch lösen, ohne sie zu beschädigen.

b | Die Füllung mit Hilfe eines Löffels zwischen Poulardenhaut und -fleisch schieben und gleichmäßig verteilen.

c | Die Halshaut nach unten klappen. Zwischen den Schenkeln mit einem Messer einen 2 cm großen Schnitt ausführen.

d | Die Schenkel durchstecken. Die Füllung mit den Händen gleichmäßig verteilen und die Poularde in ihre Form bringen.

GEFLÜGEL & WILD

Hähnchen

dressieren, mit dem Faden

a | Die Flügel einschlagen, den Faden von unten um die Unterschenkel führen, an den Gelenken überkreuzen.

b | Den Faden seitlich an den Unterschenkeln entlang zu den Flügeln führen und straff ziehen.

c | Faden seitlich fest verknoten. Bei kleinem Geflügel genügt es, die Keulen zusammenzubinden (unten).

HÄHNCHEN DRESSIEREN – HÜHNERBRÜHE ZUBEREITEN

Hähnchen

Hühnerbrühe zubereiten

a | 1 Suppenhuhn mit 1 kg Kalbsknochen in Scheiben in einen großen Topf geben, mit 4 l heißem Wasser bedecken. Dieses rasch zum Kochen bringen.

b | Das Wasser wallen lassen, bis Fleischeiweiß und Schmutzteile aufsteigen, dann abgießen. Hähnchenteile und Knochen in einem Seiher auffangen.

c | Fleisch und Knochen warm abbrausen, in den Topf zurückgeben, frisches Wasser auffüllen. Aufkochen lassen, abschäumen und 2 Stunden simmern lassen.

d | 20 Pfefferkörner, 2 angedrückte Knoblauchzehen, 1 nelkengespickte Zwiebel und 1 Bouquet garni (Seite 362 oben) zugeben. Nach 1 weiteren Stunde die Hähnchenteile herausnehmen.

e | Ein Spitzsieb mit einem Tuch auskleiden und die fertige Hühnerbrühe durchpassieren. Ergibt etwa 3 l Brühe. Diese abkühlen lassen, dabei setzt sich das Fett oben ab.

f | Das erstarrte Fett mit einem Bratenwender abheben. Nicht sofort benötigte Brühe kann man (ggf. in Portionsschälchen abgefüllt) tiefkühlen und so mehrere Monate lagern.

Hähnchen

rohes, zerlegen

a | Die Schenkel mit der Hand nach außen biegen, Haut und Fleisch bis auf das Gelenk durchschneiden.

b | Den Schenkel drehen, bis die Gelenkkugel herausspringt, dann die Gelenkbänder durchschneiden.

c | Große Schenkel nochmals im Kniegelenk durchtrennen, so erhält man Ober- und Unterschenkel.

d | Die Flügel am Schultergelenk abtrennen, dabei ein kleines Stück vom Brustfilet mit abschneiden.

e | Nun mit etwas Druck das Schlüsselbein spalten und den Rücken parallel zum Rückgrat teilen.

f | Den Rücken in der Mitte teilen, dazu durch kurze Schläge mit dem Messer das Rückgrat aufbrechen.

GEFLÜGEL & WILD

Hähnchen

Suppenhuhn garen

1 1 küchenfertiges großes Hähnchen (von etwa 1,8 kg) mit Herz und Magen vorbereiten wie auf Seite 251 gezeigt und beschrieben.

2 100 g Möhren, 80 g Zwiebeln, 60 g Lauch, 50 g Petersilienwurzel oder weiße Rübchen, ½ Sellerieknolle sowie nach Belieben 200 g Wirsing waschen, putzen und in Stücke schneiden.

3 Hähnchen, Innereien und das zerteilte Gemüse in einen großen Topf geben. 1 l Hühnerbrühe zugießen und eventuell noch Wasser, so dass das Huhn vollständig in Flüssigkeit liegt (Step a).

4 Die Flüssigkeit erhitzen. Stängel von 1 Bund Petersilie, 1 Lorbeerblatt, 20 schwarze Pfefferkörner und 1 TL Salz zugeben. Das Hähnchen im siedenden Wasser etwa 1 ½ Stunden sanft garen, dabei wiederholt den Schaum abschöpfen (Step b).

5 Das Suppenhuhn aus dem Topf heben und in Stücke teilen (siehe rechts). Das Gericht entweder als komplette Mahlzeit als Eintopf servieren oder die Brühe als Vorsuppe servieren und anschließend das Fleisch mit dem Gemüse auftragen.

a | b

a
Die Brühe zugeben, eventuell noch kaltes Wasser nachgießen, bis das Huhn vollständig bedeckt ist.

b
Den auftretenden Schaum sorgfältig abschöpfen, die Hitze reduzieren und das Hähnchen in etwa 1 ½ Stunden gar ziehen lassen.

HÄHNCHEN SUPPENHUHN GAREN – SUPPENHUHN ZERLEGEN

Hähnchen

Suppenhuhn zerlegen

a
Das Huhn auf den Rücken legen, die Haut zwischen Keule und Brust einschneiden.

b
Die Keule abspreizen und den Schnitt durch das Oberschenkelgelenk führen, dieses dabei aufspalten und die Keule ablösen.

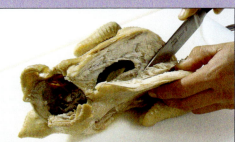

c
Die Karkasse um 180 Grad drehen, dann am Brustbein entlangschneiden und die Brust auslösen. Hiervon die Flügel abtrennen.

d
Das Fleisch der ausgelösten Teile eignet sich mit der Haut sowohl als Suppeneinlage als auch für Frikassee oder Salate.

GEFLÜGEL & WILD

Hähnchenbrust

auslösen, Filet

a | Das Hähnchen, von dem Keulen und Flügel entfernt sind, am Gabelknochen festhalten und am Brustbein entlang schneiden.

b | Das Hähnchen um 180 Grad drehen, das Brustfleisch am Gabelknochen beginnend bis hin zum Oberschenkelgelenk lösen.

c | Das Brustfilet herausschneiden: Dazu einen Schnitt vom Oberschenkelgelenk bis zum Ende des Brustbeins führen.

262

HÄHNCHENBRUST AUSLÖSEN

Hähnchenbrust

auslösen, mit Flügelknochen

a | Den Oberschenkel abspreizen und das Gelenk am Drehpunkt durchschneiden. Die Keule abtrennen.

b | Die Flügel am Ellenbogengelenk umschneiden und durchtrennen, dabei die Knochen nicht verletzen.

c | Das Fleisch beidseitig entlang dem Brustbein von der Karkasse lösen, das Flügelgelenk durchtrennen.

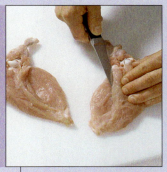

d | Haut vom Flügelknochen lösen, den Knochen mit dem Messerrücken in Richtung Brust sauber schaben.

e | Vorsichtig in jede Brust eine Tasche schneiden; so schneiden, dass sie nur an einer Seite offen ist.

263

H GEFLÜGEL & WILD

Hähnchenbrust

auslösen, zusammenhängend

a | Die Haut vollständig von der Doppelbrust ablösen, die Flügelknochen im Gelenk durchtrennen.

b | Den Gabelknochen beidseitig einschneiden, mit den Fingen freilegen und schließlich entfernen.

c | Mit der Messerspitze entlang der Schlüsselbeine schneiden und diese anschließend ganz freilegen.

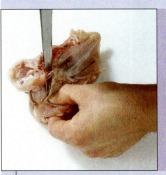

d | Das Brustfleisch festhalten und die Karkasse nach hinten wegziehen. Dabei löst sich die Knochenhaut des Brustbeins.

e | Die ausgelösten Brüste lassen sich beliebig füllen und – zusammengeklappt oder gerollt – in Form bringen (siehe das Bild rechts).

GEFLÜGEL & WILD

Hase

zerwirken

a | Den Kopf am Halsansatz mit einem Küchenbeil abhacken. Dann auch den Hals abtrennen.

b | Die Achselhöhle am Rippenbogen aufschneiden, den Lauf zur Seite klappen und im Gelenk abtrennen.

c | Mit einer Geflügelschere das Brustbein von der Bauchseite zum Halsansatz hin aufschneiden.

d | Die Bauchlappen sowie die Rippenbögen parallel zum Rücken mit der Küchenschere abschneiden.

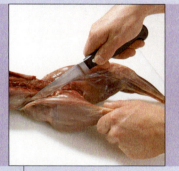

e | Keulen links und rechts oberhalb der Beckenknochen mit einem Messerschnitt anlösen.

f | Den Rücken im Bereich der Lendenwirbel mit dem Beil durchschlagen, dann die Keulen selbst trennen.

HASE ZERWIRKEN – HASENRÜCKEN SPICKEN

Hasenrücken

spicken

a | Streifen von grünem Speck (bringt im Gegensatz zu Räucherspeck nur wenig Eigenaroma mit) in eine Spicknadel einlegen.

b | Mit der Spicknadel – nicht zu tief – auf jeder Seite mehrmals quer durch das Rückenfilet stecher und die Speckstreifen einziehen.

c | Die Speckstreifen vor dem Braten mit einem Messer oder der Küchenschere auf etwa 1 cm Überstand einkürzen.

267

GEFLÜGEL & WILD

Hirschrücken

Gebratener Hirschrücken

Ein Hirschrücken von 4,5–5 kg reicht für 6–8 Personen.

1 Das Fleisch auf beiden Seiten eng am Rückgrat entlang 1,5–2 cm tief einschneiden. Durch das Knochenmark des Rückgrats einen Spieß stoßen, damit sich die Karkasse beim Braten nicht wölbt.

2 6 Pfefferkörner, 4 Wacholderbeeren, 1 Nelke und ½ Lorbeerblatt zerstoßen, mit 2 EL Öl verrühren, die Schnittflächen entlang des Rückgrats damit einpinseln, die Schnitte gut zusammendrücken. Den Hirschrücken abgedeckt etwa 30 Minuten im Kühlschrank ruhen lassen, salzen und pfeffern.

3 50–80 ml Bratfett in einem Bräter auf der Kochstelle erhitzen. Den Hirschrücken mit der Fleischseite nach unten hineinlegen und gleichmäßig anbraten (Step a). Den Rücken dann wenden und den Bräter in den auf 180–200 °C vorgeheizten Ofen schieben (Step b).

4 Den Braten 35–40 Minuten im Ofen garen, dabei immer wieder mit Bratfett begießen (Step c). Dazu den Bräter schräg halten und das Fett in einer Ecke zusammenlaufen lassen.

5 Mit einem Fleischthermometer die Kerntemperatur messen. Der Braten muss garen, bis diese 80 °C erreicht hat.

6 Den Hirschrücken aus dem Ofen nehmen, den Spieß entfernen und das Fleisch in Alufolie gewickelt einige Minuten ruhen lassen. In dieser Zeit kann sich der Fleischsaft wieder gleichmäßig im Gewebe verteilen. Wird der Rücken dann tranchiert (Stepreihe auf Seite 269), tritt der Fleischsaft nicht aus, und das Fleisch bleibt saftig.

7 Während das Fleisch ruht, nach Belieben aus dem Bratfond eine Sauce zubereiten.

anbraten

a Den Hirschrücken mit der Fleischseite nach unten im heißen Fett auf der Kochstelle anbraten.

b Bevor der Braten in den heißen Backofen kommt, ihn wenden, so dass die Fleischseite nach oben liegt.

c Während des Bratens im Ofen den Hirschrücken wiederholt mit Bratfett begießen.

HIRSCHRÜCKEN BRATEN – TRANCHIEREN | H

Hirschrücken

tranchieren

a | Die Filets beidseitig des Rückgrats von der Karkasse schneiden.

b | Das Hirschfleisch quer zur Faserrichtung in Scheiben aufschneiden.

c | Filet vom jungen, zarten Hirschrücken kann man auch längs aufschneiden.

GEFLÜGEL & WILD

Kaninchen

vorbereiten und zerteilen

a | Erst die Innereien entfernen: Herz, Leber und Nieren vorsichtig aus dem Körper ziehen und abtrennen.

b | Die dünnen Fetthäutchen um die Nieren mit den Fingernägeln behutsam anritzen und abziehen.

c | Delikat schmecken das Herz (links unten) in Ragouts, Leber und Nieren kurzgebraten oder gegrillt.

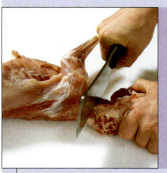

d | Das Kaninchen zerteilen: Den Kopf festhalten und mit dem Küchenbeil zusammen mit dem Hals abhacken.

e | Bei den Vorderläufen die Achselhöhle einschneiden, den Lauf wegspreizen, das Gelenk durchtrennen.

f | Den Brustkorb mit einer Küchenschere von der Bauchöffnung bis hin zum Halsansatz aufschneiden.

KANINCHEN VORBEREITEN UND ZERTEILEN | K

g | Die Bauchlappen und Rippenbögen parallel zum Rückgrat mit der Küchenschere abschneiden.

h | Die Keulen links und rechts oberhalb der Beckenknochen mit einem kurzen Messerschnitt anlösen.

i | Das Keulenpaar vom Rücken trennen, mittig durchschlagen. Den Rücken ggf. in Stücke teilen (unten).

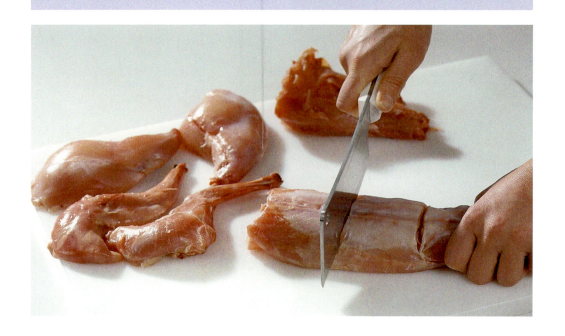

271

GEFLÜGEL & WILD

Kaninchenrücken

auslösen

a
Die kleinen Filets an der Innenseite des Rückgrats auslösen, sie können in der Füllung für den Kaninchenrücken mitverarbeitet werden.

b
Mit der Messerspitze mit kleinen Schnitten die Bauchlappen von den Rippen lösen, ohne das Fleisch dabei zu verletzen.

c
Das Rückgrat freilegen, dazu die Messerschneide möglichst eng am Knochen führen, damit keine Fleischreste zurückbleiben.

d
Das Knochengerüst entlang des Rückgrats so vorsichtig herauslösen, dass die Haut zwischen den Rückenfilets nicht verletzt wird. Der ausgelöste Kaninchenrücken eignet sich gut für einen gefüllten Rollbraten (siehe rechts).

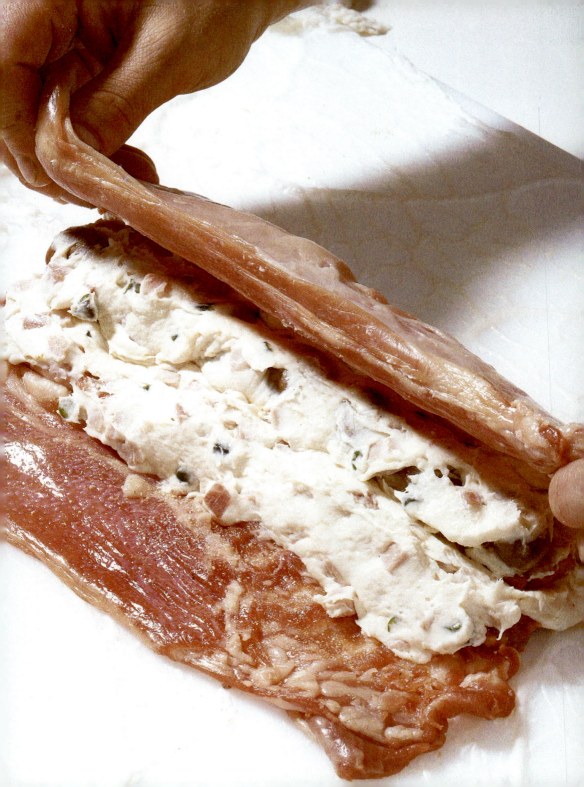

GEFLÜGEL & WILD

Perlhuhn

gebratenes, tranchieren

a | Das Küchengarn vom Dressieren entfernen. Beidseitig das Fleisch zwischen Brust und Schenkel einschneiden.

b | So tief schneiden, dass das Hüftgelenk sichtbar wird. Die Schenkel seitwärts klappen und im Gelenk abtrennen.

c | Ebenso die Flügel unterhalb der Brust abtrennen. Dann die Brüste entlang des Brustbeins vorsichtig einschneiden.

d | Die Brüste von der Karkasse lösen. Dabei die Messerklinge zur Karkasse richten, um das Fleisch nicht zu verletzen.

PERLHUHN GEBRATENES, TRANCHIEREN

e | Dann die ausgelösten Brüste vom Flügelansatz zur Brustspitze hin in gleichmäßige Tranchen schneiden.

f | Etwas Butter im Bratsatz aufschäumen lassen und die Keulen darin 8–10 Minuten im Ofen nachbraten.

g | Die Keulen jeweils zwischen Ober- und Unterschenkel einschneiden und dann das Kniegelenk durchtrennen.

h | Den Ober- und Unterschenkelknochen auslösen und das Fleisch in Stücke beziehungsweise Scheiben schneiden.

GEFLÜGEL & WILD

Rehrücken

auslösen

a
Den parierten Rehrücken (siehe Seite 277, Step c–e) entlang dem Rückgrat einschneiden, die Rückenfilets von den Rippenknochen lösen.

b
Die Messerschneide immer entlang dem Knochen führen und das Fleisch vom Halsansatz zum Sattel mit langen Schnitten von der Karkasse lösen.

c
Beim Schneiden das im Sattelbereich bereits gelöste Rückenfilet von der Karkasse weghalten, damit man es nicht verletzt.

d
Die Rückenfilets (vorne) bzw. die daraus geschnittenen Medaillons sowie die auf die gleiche Art ausgelösten kleinen Filets schmecken kurzgebraten hervorragend. Die Karkasse kann zur Herstellung eines Fonds verwendet werden.

REHRÜCKEN AUSLÖSEN – VORBEREITEN, ZUM BRATEN

Rehrücken

vorbereiten, zum Braten

a | Den Rehrücken mit der Fleischseite auf die Arbeitsfläche legen und die kleinen Filets auf der Innenseite links und rechts des Rückgrats auslösen.

b | Dazu beide Filets jeweils mit einem Schnitt entlang der Rippenknochen vorsichtig ablösen, ohne das Fleisch zu verletzen. Die Filets von allen Sehnen befreien.

c | Den Rücken umdrehen. Die im Halsbereich locker aufliegenden Häute lösen. Sie lassen sich durch Ziehen und wenige Schnitte problemlos entfernen.

d | Dann die fest auf dem Fleisch sitzenden Sehnen vom Sattel zum Hals in Streifen ablösen. Sehnen mit leichtem Zug anheben, das Messer flach führen.

e | Die überstehenden Bauchlappen und die Fettablagerungen abtrennen, dabei knapp an den Enden der Rippenknochen entlangschneiden.

f | Die beiden Rückenfilets etwas vom Rückgrat ablösen und den Rückgratknochen mit einer Schere auf die Höhe der Filets zurückschneiden.

WILDKEULE GAREN (KERNTEMPERATUR)

Wildkeule

garen (Kerntemperatur)

a | Nach 65 Minuten Bratzeit ist eine 2 kg schwere Rehkeule noch deutlich rot. Sie hat jetzt eine Kerntemperatur von 60 °C erreicht.

b | Nach weiteren 10 Minuten Bratzeit hat die Rehkeule eine Kerntemperatur von 70 °C. Das Fleisch ist nicht mehr rot, sondern rosa.

c | Erst nach 105 Minuten hat die Keule eine Kerntemperatur von 80 °C. Diese sollte jetzt für 10 Minuten gehalten werden.

Wildbret immer durchgaren

Wird anderes Fleisch, beispielsweise Rind, von manchem Gourmet gern »rare«, also beinahe blutig, verzehrt, sollte man dies bei Wild vermeiden. Hier gilt im Interesse der eigenen Gesundheit: **Wildbret** sollte ausschließlich **durchgegart** serviert werden.

Der genaue Garzustand lässt sich mit Hilfe eines Fleischthermometers feststellen. Erst wenn der Braten über einen Zeitraum von **10 Minuten** eine **Kerntemperatur von 80 °C** hatte, ist sichergestellt, dass eventuell krankheitserregende Keime weitestgehend abgetötet sind.

Dies ist umso mehr zu empfehlen, als sich zwar die Farbe des Wildfleisches verändert, die etwas längere Bratzeit aber der **Saftigkeit und Zartheit** des Fleisches **keinen Abbruch** tut.

Für das Braten von Wild gelten – mit Variationsbreiten je nach Größe und Alter des Tieres – folgende **Richtzeiten:** Keulen- und Halsstücke 70–120 Minuten, der Rücken 60–90 Minuten, ausgelöste Filets 25–35 Minuten, Bratenstücke aus der Schulter 70–90 Minuten.

Am besten eignet sich zum Messen der Kerntemperatur ein modernes **Fleischthermometer**. Dieses gibt es in vielen Fällen auch als Zubehör zum Backofen.

GEFLÜGEL & WILD

Wildkeule

hohl auslösen

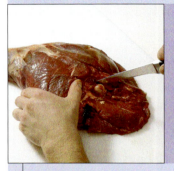
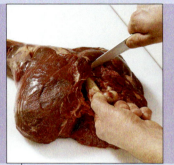

a | Den Gelenkkopf des Oberschenkels (hier vom Reh) rundum freischneiden. Dabei das Fleisch möglichst wenig verletzen.

b | Das Wildbret in Richtung Kniegelenk rundum vom Knochen lösen, dabei mit kleinen Schnitten und eng am Knochen arbeiten.

c | Das freigelegte Oberschenkelbein mit einer Drehbewegung aus dem Kniegelenk lösen und herausziehen.

spicken und binden

a | Mit einer Spicknadel Speckstreifen schräg zur Faser einziehen (im Bild eine Hirschkeule).

b | Die Keule anschließend in Form bringen und locker mit Küchengarn zusammenbinden.

c | Rundum gleichmäßig gebunden, behält die Keule dann während des Bratens ihre Form.

280

WILDKEULE HOHL AUSLÖSEN – SPICKEN, MIT GEWÜRZTEM SPECK

Wildkeule

spicken, mit gewürztem Speck

a
Streifen von grünem Speck in einer Gewürzmischung (hier mit Paprikapulver) wälzen, auf einem Tablett ausbreiten und kurz gefrieren.

b
In das Bratenstück, hier eine Rehkeule, mit einem spitzen Messer tiefe Spicklöcher schneiden. Sie eventuell mit dem Finger noch etwas erweitern.

c
In jedes Spickloch einen gefrorenen Speckstreifen an der Messerklinge entlang hineinschieben, nötigenfalls mit dem Daumen nachdrücken.

d
Die gespickte Keule etwa 1 Stunde ruhen lassen. In dieser Zeit kann ein Teil des Aromas aus der Würzmischung schon in das Wildbret einziehen.

GEFLÜGEL & WILD

Wild-Medaillons

Medaillons vom Reh zubereiten

1 Für 4 Personen 500 g pariertes Rehrückenfilet in 12 Medaillons von je etwa 40 g schneiden, eventuell noch leicht plattieren (Step a).

2 Die Rehmedaillons mit einer Schnittfläche nach unten auf eine Arbeitsfläche legen, jeweils mit 1 Scheibe Speck umwickeln. Man kann sowohl grünen fetten Speck nehmen wie in den Steps unten, als auch roh geräucherten durchwachsenen wie im Bild rechts. Den Speck mit Küchengarn fixieren (Step b).

3 Die Medaillons salzen und pfeffern. Öl in einer großen Pfanne erhitzen, die Medaillons darin 4–5 Minuten braten, dabei mehrmals wenden. Herausnehmen und warm halten.

4 200 ml Wildfond in die Pfanne gießen und den Bratsatz unter Rühren loskochen. Die Sauce leicht reduzieren, durch ein feines Sieb passieren, nach Bedarf binden, mit Salz und Pfeffer abschmecken.

5 Von den Medaillons das Küchengarn entfernen. Auf jedem Portionsteller 3 Medaillons mit etwas Bratensauce arrangieren.

Dazu passt Holunder- oder Preiselbeersauce und Kartoffelplätzchen.

a
Die Medaillons nach Belieben vor dem Umwickeln noch leicht plattieren.

b
Das Fleisch nach Belieben mit fettem oder durchwachsenem Speck umwickeln, diesen mit Küchengarn fixieren.

WILD-MEDAILLONS ZUBEREITEN – **WILD-STIELKOTELETTS** VORBEREITEN

Wild-Stielkoteletts

vorbereiten

a | Vom Kotelettstrang mit langen Rippenknochen (hier vom Mufflon) die Knochenhäute an den Rippen einritzen und abschaben, sie würden beim Braten verbrennen.

b | Auf diese Weise alle Rippenknochen sauber putzen. Auch das noch zwischen den Rippen sitzende Fleisch abtrennen und Fleischreste abschaben.

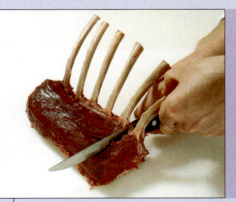

c | Das Rückenfilet zwischen jeder Rippe bis hinunter auf die Rückenwirbel einschneiden und so zum Durchhacken vorbereiten.

d | Zum Schluss mit dem Beil die einzelnen Koteletts abtrennen, indem die Rückenwirbel durchgehackt werden.

283

Pasta & Getreide
von Backerbsen bis Won-tans

PASTA & GETREIDE

Backerbsen

herstellen

a | ⅛ l Wasser mit 25 g Butter und 1 Prise Salz aufkochen. 75 g Mehl auf einmal dazuschütten. Rühren, bis sich ein Kloß bildet. Diesen etwas abkühlen lassen.

b | 2 Eier nacheinander unterrühren. Den Backerbsenteig mit einem Spritzbeutel in Tupfen auf ein gefettetes und mit Mehl bestreutes Blech spritzen.

c | Den Backofen mit einer Auflaufform mit wenig Wasser darin auf 220 °C vorheizen. Das Blech einschieben, die Backerbsen 10–12 Minuten backen.

Calzone
zubereiten

1 Aus 400 g Mehl, 1 TL Salz, 30 g frischer Hefe, ¼ l lauwarmem Wasser und 3 EL Olivenöl einen Pizzateig zubereiten und gehen lassen wie auf Seite 314/315 beschrieben und gezeigt (Step a–g).

2 Für die Füllung 300 g Zwiebeln schälen und in Ringe schneiden. 80 g entsteinte schwarze Oliven, 6 Sardellenfilets und 1 EL Kapern klein hacken. 300 g Tomaten häuten (Seite 67), das Fruchtfleisch würfeln. 1 Bund Petersilie fein hacken.

3 Die Zwiebeln in 5 EL Olivenöl zugedeckt bei geringer Hitze weich dünsten. Oliven, Sardellen, Kapern, Tomaten und Petersilie untermischen. Mit Oregano, Salz und Pfeffer würzen, abkühlen lassen. 150 g geraspelten jungen Pecorino unterrühren.

4 Den Teig durchkneten, auf der bemehlten Arbeitsfläche oval und ½–1 cm dick ausrollen. Die Füllung auf einer Teighälfte verteilen und den Teigrand bestreichen wie unten gezeigt (Step a). Die andere Teighälfte über die Füllung klappen. Den Rand gut festdrücken, ebenfalls mit Eiweiß bestreichen und nach innen klappen.

5 Die Calzone umdrehen, auf ein gefettetes Backblech legen und den dicken Rand mit einem Messerschaft eindrücken (Step b). Die Calzone zugedeckt 20 Minuten gehen lassen.

6 Die Oberfläche mit dem verquirlten Eigelb bestreichen. Die Calzone bei 200 °C im vorgeheizten Ofen in 25–30 Minuten goldgelb backen.

a Beim Auftragen der Füllung einen 2 cm breiten Rand frei lassen und diesen mit verquirltem Eiweiß bestreichen.

b Den doppelt gelegten Teigrand mit einem Messerschaft in Abständen eindrücken – ergibt nach dem Backen ein dekoratives Rillenmuster.

CANNELLONI FÜLLEN UND BACKEN

Cannelloni
füllen und backen

Wer getrocknete gekaufte Cannellonirollen verwenden möchte, füllt diese am besten mit einem »Einmalbeutel«. Sie werden ohne Tülle im Handel angeboten (Bild links). Vor dem Füllen einfach die Tütenspitze entsprechend dem gewünschten Öffnungsdurchmesser abschneiden. Hier ein Rezept mit frisch zubereiteten und vor dem Rollen gefüllten Cannelloni.

1 Aus 300 g doppelt griffigem Weizenmehl, 2 Eiern, 4 Eigelben und 6 TL Salz einen Nudelteig wie auf Seite 304/305 beschrieben herstellen und 1 Stunde ruhen lassen.

2 Für die Füllung 80 g Zwiebeln und 1 Knoblauchzehe schälen, beides sehr fein hacken. 40 g Möhre und 100 g Stangensellerie putzen, ebenfalls sehr fein hacken. 4 EL Öl erhitzen und darin Zwiebeln und Knoblauch hell anschwitzen. Möhre und Sellerie kurz mitschwitzen.

3 400 g gemischtes Hackfleisch zugeben und kräftig anbraten. Mit 1 TL Salz, 6 TL Pfeffer und 1 EL edelsüßem Paprikapulver würzen. 1 EL Tomatenpüree und 200 g gehackten Spinat unterrühren. Erkalten lassen.

4 ½ l Rinderfond (Seite 382/383) auf 4–5 EL reduzieren. 150 g Champignons putzen, klein würfeln und mit der Reduktion, 2 Eigelben sowie 2 EL gehackter Petersilie unter die Hackfüllung mischen.

5 Tomatensauce von 400 g Tomatenfruchtfleisch (Rezept Seite 407; die Hälfte der dort zubereiteten Menge) in eine rechteckige feuerfeste Form einfüllen.

6 Den Nudelteig ausrollen, jeweils Rechtecke von 7 x 8 cm ausschneiden und diese 2 Minuten in sprudelnd kochendem Wasser garen. Die Nudelbätter auf einem feuchten Tuch ausbreiten.

7 Die Cannelloni füllen, rollen und in die Form legen wie in den Steps unten gezeigt und beschrieben.

8 ⅛ l Sahne mit 50 g geriebenem Parmesan verrühren und über die Nudelrollen verteilen. Die Cannelloni mit 50 g Butterflöckchen belegen und bei 200 °C im vorgeheizten Ofen etwa 20 Minuten überbacken, die Oberfläche soll eine hellbraune Kruste bekommen.

a Nudelblätter auf einem feuchten Tuch ausbreiten. Auf jede Teigplatte an die Schmalseite etwas von der Hackfleischfüllung setzen.

b Die Teigplatten aufrollen und nebeneinander – die Naht nach unten – auf die Tomatensauce in der Form legen.

PASTA & GETREIDE

Gnocchi

herstellen

a | Für 4–6 Personen 1,2 kg mehlig kochende Kartoffeln in der Schale kochen, pellen und noch warm zerdrücken.

b | Kartoffelmus, 200 g Mehl und 2 Eigelbe auf der Arbeitsfläche rasch zu einem geschmeidigen, glatten Teig verkneten.

c | Aus dem Teig etwa 2 cm dicke Stränge rollen. Diese nebeneinanderlegen, leicht bemehlen und quer etwa 1,5 cm breite Stücke abschneiden. Für ein dekoratives Gittermuster ...

d | ... nach Belieben jedes Teigstück über eine Raspel rollen. Die Gnocchi portionsweise in Salzwasser kochen. Sobald sie an die Oberfläche steigen, mit einem Schaumlöffel herausheben.

GNOCCHI HERSTELLEN – ZUBEREITEN G

Gnocchi

zubereiten (kleine)

a | Für kleinere Gnocchi – so genannte Gnocchetti – aus dem Teig (Rezept siehe linke Seite) nur etwa 5 mm dicke Stränge rollen.

b | Die Teigstränge mit Mehl bestauben und 1 cm lange Stücke abschneiden. Gnocchetti in kochendem Salzwasser gar ziehen lassen.

c | Sobald sie an die Oberfläche steigen, die Gnocchetti mit einem Schaumlöffel herausheben, auf vorgewärmten Tellern servieren.

PASTA & GETREIDE

Grieß

kochen

a
Von 1 l Milch etwa 100 ml abnehmen und beiseite stellen. Die übrige Milch mit 1 Prise Salz und der abgeriebenen Schale von ½ unbehandelten Zitrone zum Kochen aufsetzen. 80 g Grieß mit der zurückbehaltenen Milch glatt rühren und in die kochende Milch einrühren.

b
Den Grieß bei schwacher Hitze unter Rühren in 5–10 Minuten (je nach Feinheit des Grießes) gar kochen lassen. Den Grießbrei mit Zucker nach Geschmack süßen, nach Belieben mit 20 g Butter und/oder 1 Eigelb und/oder mit steif geschlagenem Eiweiß verbessern.

c
Den Grießbrei mit Zucker und Zimt anrichten. Dazu passt frisches (Beeren-)Obst oder Kompott. Man kann klein geschnittenes Obst (z. B. Äpfel) auch mit dem Grieß in die Milch geben und mitgaren.

d
Für Grießbrei, der zu Grießschnitten weiterverarbeitet werden soll, einen sehr steifen Brei mit 250 g Grieß kochen, unter den heißen Brei 30 g Zucker und 2–3 Eier rühren. Den Grießbrei noch heiß auf einem nassen Brett ausstreichen.

Grieß

Grundrezept Grießnockerlsuppe

1 Für 4 Personen 60 g groben Grieß abwiegen. 40 g Butter schaumig rühren. Zuerst etwas von dem Grieß einrühren, dann 1 Ei und 1 Prise Salz, anschließend den restlichen Grieß (Step a). Den Teig quellen lassen.

2 In der Zwischenzeit 1 ¾ l gut abgeschmeckte Gemüse-, Geflügel- oder Fleischbrühe aufkochen. Vom Grießteig ein Probenockerl abstechen, formen und in die Brühe einlegen. Das Nockerl in etwa 20 Minuten gar ziehen lassen; es sollte weder zerfallen, noch zu hart bleiben, ansonsten dem Teig etwas Grieß oder wenig verquirltes Ei zufügen.

3 Die übrigen Nockerl formen (Step b), in die kochende Brühe einlegen und etwa 20 Minuten darin zugedeckt ziehen lassen. Das Wasser sollte lediglich sieden, nicht wallen.

4 Die Nockerl in der Brühe mit Schnittlauchröllchen oder gehackter Petersilie bestreut servieren.

Grießnockerl können auch gut auf Vorrat hergestellt werden: Die fertig gekochten Nockerl aus der Brühe nehmen, abkühlen lassen, dann offen auf einer Platte nebeneinander liegend kurz vorgefrieren. Portionsweise in Gefrierbeutel oder -dosen verpacken und tiefgefrieren.

Wird für die Nockerl spezieller »Nockerlgrieß« verwendet, bei der Zubereitung des Teigs nach Packungsanweisung verfahren. Diesen Grießteig auch nicht zum Quellen stehen lassen, sondern sofort Nockerl abstechen.

a
In die schaumig gerührte Butter das Ei, Salz und den Grieß einrühren.

b
Mit Hilfe eines Teelöffels auf der angefeuchteten Handfläche aus kleinen Teigportionen ovale Nockerl formen und ins Wasser einlegen.

PASTA & GETREIDE

Kartoffelklöße

gefüllte herstellen

a | 1 kg mehlig kochende Kartoffeln in Alufolie wickeln. Auf dem Rost im vorgeheizten Ofen bei 200 °C 1 Stunde backen. Heiß pellen und durch die Presse drücken.

b | Kartoffeln kurz abkühlen lassen, 75 g Mehl zufügen, eine Mulde formen, 2 Eier sowie etwas Salz zufügen. Alles rasch zu einem geschmeidigen Teig verkneten.

c | 50 g Weißbrotwürfelchen in 20 g Butter rösten; abkühlen lassen. Aus dem Teig Klöße formen, jeweils eine Mulde eindrücken, mit je 1 TL Brotwürfel füllen.

d | Den Teig über der Füllung zusammendrücken und die Klöße in der Hand rund rollen. In einem großen Topf reichlich Salzwasser zum Kochen bringen.

e | Die Klöße in das kochende Wasser einlegen, die Hitze reduzieren und die Klöße darin gar ziehen lassen. Mit gehackter Petersilie bestreut servieren.

KARTOFFELKLÖSSE GEFÜLLTE – THÜRINGER KLÖSSE

Kartoffelklöße

Thüringer Klöße herstellen

a
Für 4 Personen als Beilage: 2 kg mehlig kochende Kartoffeln schälen. Ein Viertel davon grob würfeln und etwa 20 Minuten in Salzwasser kochen. Inzwischen die restlichen Kartoffeln roh in ein Sieb reiben (Bild) – dabei das Kartoffelwasser auffangen.

b
Kartoffelmasse in ein Leintuch füllen und gut auspressen (zum aufgefangenen Kartoffelwasser). Von den gegarten Salzkartoffeln zwei Drittel des Wassers abgießen. 100 ml heiße Milch zufügen. Die Kartoffeln mit der Milch zu Brei stampfen und diesen sofort mit den geriebenen Kartoffeln und abgesetzter Stärke im ausgepressten Kartoffelwasser (dieses vorher abgießen) vermischen. Die Masse mit Salz würzen.

c
Aus dem Teig mit nassen Händen Kugeln formen, diese mit gerösteten Brotwürfeln (80 g Weißbrot, 30 g Butter) füllen wie auf der linken Seite gezeigt und beschrieben (Step c, d). In einem großem Topf reichlich Salzwasser zum Kochen bringen, die Klöße einlegen.

d
Die Klöße bei reduzierter Hitze in etwa 20 Minuten gar ziehen lassen, bis sie an der Oberfläche schwimmen. Mit dem Schaumlöffel herausnehmen. Passen zu Braten aller Art.

PASTA & GETREIDE

Maultaschen

zubereiten

a
Nudelteig (Rezept Seite 304) vorbereiten. Für die Füllung 200 g Spinat blanchieren, ausdrücken und hacken. 2 Brötchen vom Vortag würfeln, in 100 ml warmer Milch einweichen, ausdrücken. 80 g durchwachsenen geräucherten Speck klein würfeln. 80 g Zwiebelwürfel in 40 g Butter hell anschwitzen. Alles mit 200 g Bratwurstbrät sowie 2 Eiern mischen, mit Salz, Pfeffer, Majoran und Petersilie kräftig würzen.

b
Den Nudelteig auf einer bemehlten Arbeitsfläche (oder mit der Nudelmaschine) gleichmäßig dünn ausrollen. Mit Lineal und Teigrädchen Rechtecke von etwa 6 x 12 cm markieren und ausrädeln. Die Füllung darauf verteilen. Teigränder mit Eiweiß bestreichen, die Rechtecke zusammenklappen und die Ränder gut andrücken.

c
1 l Fleischbrühe zum Kochen bringen und die Hitze reduzieren. Die Maultaschen einlegen, in 10–15 Minuten im siedenden Wasser gar ziehen lassen, mit einem Sieblöffel herausheben.

d
Während die Maultaschen garen, 50 g Butter in einer Pfanne zerlassen und 700 g Zwiebelwürfel darin leicht bräunen. Die Maultaschen auf vorgewärmten Tellern anrichten und mit etwas Fleischbrühe übergießen. Die gebräunten Zwiebelwürfel und die Schnittlauchröllchen darüber streuen; sofort servieren (Bild rechts).

N PASTA & GETREIDE

Nudeln

kochen

a | Viel Wasser ist wichtig, damit die Nudeln richtig garen können. Faustregel: 1 l Wasser pro 100 g Pasta.

b | Öl ist nur bei großen Teigplatten und bei frischen Nudeln, die sonst zusammenkleben würden, nötig.

c | Das Kochwasser salzen: Man rechnet pro 1 l Wasser etwa 1 schwach gehäuften Teelöffel.

d | Erst wenn das Wasser sprudelnd kocht, die Nudeln einlegen oder auf einmal hineinschütten.

e | Mit einem Holzlöffel oder einer -gabel umrühren, damit die Nudeln nicht zusammenkleben.

f | Den Deckel so auflegen, dass der Dampf noch abziehen kann. So kocht das Wasser rasch wieder auf.

NUDELN KOCHEN

g | Während des Garens soll sich die Wasseroberfläche immer leicht kräuseln. Die Nudeln bewegen sich dann gleichmäßig.

h | Die Garprobe machen: Für Nudeln mit »Biss« gegen Ende der Garzeit mehrmals eine Nudel auf ihren Gargrad testen.

i | Sobald die Nudeln »al dente« sind, also gar sind, aber noch einen festen Kern haben, sie abgießen und gut abtropfen lassen.

k | Nudeln nur dann im Sieb mit kaltem Wasser überbrausen, wenn sie ohne Sauce als Beilage serviert werden sollen.

l | Gegebenenfalls etwas vom Kochwasser aufbewahren, um die Nudeln kurz warm zu halten oder zum Verlängern der Sauce.

PASTA & GETREIDE

Nudeln

schneiden (mit der Maschine)

a | Für Pappardelle oder Lasagnette 1,5–2 cm breite Streifen schneiden, mit Mehl bestäuben und zu lockeren Nestern legen (Bild unten).

b | Tagliatelle oder Fettuccine sind 5 mm bzw. 6–8 mm breit. Die Nudeln zum Antrocknen ebenfalls zu lockeren Nestern legen.

c | Tagliolini oder Taglierini werden auf Italienisch sehr schmale Bandnudeln genannt. Sie werden 2–3 mm breit geschnitten.

NUDELN SCHNEIDEN MIT DER MASCHINE – VON HAND

Nudeln

schneiden (von Hand, Bandnudeln)

a | Den Nudelteig auf der bemehlten Arbeitsfläche mit dem Rollholz abwechselnd in beide Richtungen – längs und quer – ausrollen.

b | Teig mit Mehl bestäuben und zu einem mehrlagigen Streifen zusammenklappen. Für sehr dünne Bandnudeln nur wenige Lagen legen.

c | Teig quer in mehr oder weniger breite Streifen schneiden. Diese sofort auseinanderfalten, damit sie nicht zusammenkleben.

schneiden (von Hand, Rechtecke)

a | Z. B. für Farfalle und Teigtaschen verschiedenster Art schneidet man den Nudelteig mit dem Teigrädchen in Rechtecke.

b | Für Nudelfleckerl – etwa als Einlage für Suppen – bemehlte Teigblätter übereinanderlegen, in Streifen und dann in Quadrate schneiden.

PASTA & GETREIDE

Nudelteig

ausrollen

a | Den Nudelteig auf der bemehlten Arbeitsfläche mit dem Rollholz abwechselnd in beide Richtungen ausrollen.

b | Wird mit der Nudelmaschine ausgerollt, den Teig in mehreren Durchgängen – Walzen immer enger stellen – ausrollen.

formen, zu Farfalle

a | Farfalle formen: Aus dem ausgerollten Teig Rechtecke von 1,5 x 3 bis 3 x 6 cm ausrädeln. Am besten erst Quadrate schneiden und diese dann längs durchtrennen.

b | Die Rechtecke in der Mitte mit Zeigefinger und Daumen etwas zusammendrücken. Die Nudeln vor dem Kochen etwas antrocknen lassen.

NUDELTEIG AUSROLLEN – FORMEN

Nudelteig

formen, zu Fusilli

a | Fusilli formen: Aus einer ausgewellten Teigplatte etwa 2 mm breite und 8 cm lange Streifen abschneiden.

b | Diese spiralförmig über ein Rundholz wickeln, das Holz herausziehen. Die Nudeln kurz antrocknen lassen.

formen, zu Orecchiette

a | Orecchiette formen: Den Teig von Hand zu mehreren Strängen von etwa 1 cm Durchmesser rollen.

b | Von jeder Rolle mit einem scharfen Messer etwa 1 cm dicke, gleichmäßig große Stücke abschneiden.

c | Die Teigstückchen mit dem Daumen eindrücken und zu Orecchiette formen. Antrocknen lassen.

PASTA & GETREIDE

Nudelteig

herstellen: Eiernudelteig

a | 300 g Mehl (Type 405) auf eine Arbeitsfläche sieben, eine Mulde hineindrücken.

b | Nacheinander 3 Eier von Zimmertemperatur in die Mulde aufschlagen.

c | 1 EL Olivenöl (oder nach Geschmack neutrales Öl) und ½–1 TL Salz zufügen.

d | Mit dem Löffel oder mit der Gabel die Zutaten in der Mulde verrühren.

e | Nach und nach immer mehr Mehl vom Rand her mit einarbeiten.

f | Ist ein dickflüssiger Teig entstanden, mit den Händen weiterarbeiten.

NUDELTEIG HERSTELLEN: EIERNUDELTEIG

g | Von außen nach innen arbeiten, dann das Mehl unter den Teig drücken.

h | Nimmt der Teig das Mehl nicht völlig auf, etwas Wasser (etwa 1 EL) zufügen.

i | Das Wasser mit beiden Daumen einarbeiten. Restliches Mehl unterkneten.

k | Nun beginnt das eigentliche Kneten: Teig immer wieder auseinander drücken ...

l | ... und zusammenlegen. Der Nudelteig soll am Schluss glatt und fest sein.

m | Den Teig in Folie einschlagen und 1 Stunde kühl ruhen lassen.

PASTA & GETREIDE

Nudelteig

herstellen: farbigen

a | Erst eine so genannte Spinatmatte herstellen: 200 g Spinatblätter nach und nach mit 2–3 EL Wasser pürieren.

b | Das Spinatpüree in ein Passiertuch füllen. Den Saft durch Zusammendrehen auspressen und auffangen.

c | Spinatsaft auf 65 °C erhitzen; das sich zusammenziehende Blattgrün mit einem Teesieb abschöpfen.

d | Nun den grünen Nudelteig herstellen: 5–6 Eigelbe zu 160 g Mehl geben und die abgetropfte Spinatmatte dazupassieren.

e | 1 EL Öl, ½ TL Salz, 40 g weiche Butter und etwas Muskat in die Mulde geben, mit der Gabel verrühren. Von Hand weiterarbeiten.

f | Alles zu einem glatten Teig verarbeiten (siehe S. 305), diesen zur Kugel formen, in Folie wickeln und etwa 1 Stunde ruhen lassen.

NUDELTEIG HERSTELLEN: FARBIGEN

Nudelteig

Rote-Bete-Nudeln

1 Es werden 80 ml Rote-Beten-Saft – nach Möglichkeit frisch entsaftet – benötigt. Den Saft auf 30 ml einkochen lassen.

2 250 g Mehl auf eine Arbeitsfläche häufen, eine Mulde hineindrücken. Den konzentrierten Rote-Beten-Saft hineingeben.

3 In die Mulde außerdem 2 Eier, 1 Eigelb, 2 EL Öl und ½ TL Salz geben und alles zu einem glatten Teig verarbeiten. Ergibt etwa 400 g.

Safrannudeln

1 1 Döschen Safranpulver mit 2 EL Wasser in einer kleinen Schüssel anrühren.

2 250 g Mehl auf eine Arbeitsfläche häufen. In die Mitte eine Mulde geben. Den Safran mit dem Wasser hineingießen.

3 In die Mehlmulde außerdem 2 Eier, 1 Eigelb, 2 EL Öl sowie ½ TL Salz geben.

4 Alles zu einem glatten Nudelteig verkneten. Ergibt etwa 375 g.

Schwarze Nudeln

1 300 g Mehl auf eine Arbeitsfläche sieben. In die Mitte eine Mulde drücken. 2 Eier, 1 EL Olivenöl und ½ TL Salz zufügen.

2 20 g Sepia-Tinte (abgepackt im Handel zu bekommen) mit den Zutaten in der Mulde vermischen.

3 Immer mehr Mehl vom Rand mit einarbeiten und alles zu einem geschmeidigen Nudelteig verkneten. Ergibt etwa 400 g.

Die aparten Nudeln verblassen beim Kochen nicht und passen gut zu hellem Fisch – beispielsweise zu Steinbutt – oder zu Meeresfrüchten.

N PASTA & GETREIDE

Nudelteig

herstellen: mit Kräuterblättchen

a | Vorbereiteten Nudelteig (Rezept Seite 304) zu sehr dünnen Streifen ausrollen; am besten mit der Nudelmaschine.

b | Jeweils 1 Teigblatt gleichmäßig und nicht zu dicht mit Kräuterblättchen nach Wahl belegen, das zweite Teigblatt bündig auflegen.

c | Die doppelten Teigblätter in mehreren Durchgängen sehr dünn ausrollen, bis die Kräuterblättchen durchscheinen.

NUDELTEIG HERSTELLEN: MIT KRÄUTERN

Nudelteig

herstellen: mit Kräutern

a
350 g Mehl auf die Arbeitsfläche geben und eine Mulde formen. 2 Eier, Salz, Pfeffer, 1 EL Olivenöl und 120 g fein gehackte Kräuter nach Wahl hineingeben. Alles vermengen.

b
Den Teig mit den Händen weiterverarbeiten und kneten (siehe auch Seite 305, Step g–l), bis ein geschmeidiger Teig entsteht. In Folie gewickelt 1 Stunde ruhen lassen.

c
Den Kräuternudelteig 3 mm dick ausrollen und mit dem gezackten Teigrädchen kleine Quadrate von etwa 4 cm Kantenlänge ausrädeln. Vor dem Kochen kurz antrocknen lassen.

d
Oder den Kräuternudelteig zu Bandnudeln verarbeiten (siehe Seite 300/301). Diese vor dem Kochen kurz antrocknen lassen. Mit gebräunter Butter und Parmesan servieren.

Nudelteig

herstellen: Vollkornnudeln

a | Auf die Arbeitsfläche je 250 g fein gemahlenes Weizenvollkornmehl und Mehl Type 405 sieben. 2 Eier in die Mehlmulde aufschlagen.

b | ½ TL Salz sowie 1 EL Olivenöl (oder neutrales Öl) zufügen. Mit den Eiern und wenig Mehl vom Rand in der Mulde verrühren.

c | Mit beiden Händen den Mehlrand von außen nach innen über den dickflüssigen Teig verteilen und das Mehl unterarbeiten.

d | Wieder eine Mulde in den Teig drücken, etwa 200 ml lauwarmes Wasser hineingießen und vorsichtig in den Teig einarbeiten.

e | Den Teig wechselseitig mit den Handballen auseinander drücken und wieder zusammenlegen; kneten, bis er glatt und fest ist.

f | Den Teig zur Kugel rollen, in Folie wickeln und etwa 1 Stunde kühl ruhen lassen. Zu beliebig geformten Nudeln weiterverarbeiten.

PASTA & GETREIDE

Pfannkuchen

backen

a | Eine (Crêpe-)Pfanne erhitzen und wenig Butter darin schmelzen lassen. Wenig Teig in die Pfanne geben und durch Kippen gleichmäßig verteilen.

b | Den Pfannkuchen bei mittlerer Hitze anbacken (unten goldbraun, oben gestockt), mit einer Palette oder durch einen gekonnten Schwung mit der Pfanne wenden.

c | Den Pfannkuchen auf der zweiten Seite appetitlich goldbraun backen. Fertige Pfannkuchen stapeln und im mäßig heißen Backofen warm halten.

Teig herstellen

a | 500 ml Milch abmessen. 250 g Mehl mit etwas Salz in einer Schüssel mischen, eine Mulde formen, etwas Milch und 3 Eier hineingeben.

b | Eier und Milch in der Mulde mit etwas Mehl vom Rand gut verrühren. Dann den Teig mit der übrigen Milch glatt rühren.

c | Nach Belieben den Teig etwas ruhen lassen, dann allerdings vor dem Backen noch ein wenig Flüssigkeit unterrühren.

PFANNKUCHEN BACKEN – PFANNKUCHENSUPPE

Pfannkuchen

Grundrezept Pfannkuchensuppe

Dieser schmackhafte und optisch attraktive Suppenklassiker wird in Süddeutschland auch Flädlesuppe, in Österreich Frittatensuppe genannt.

1 Für eine Suppeneinlage für 4 Personen 125 g Mehl in eine Schüssel sieben. Mit ¼ l Milch, 1 Ei und 1 EL gehackter Petersilie zu einem glatten, dünnen Teig verrühren. Den Teig mit Salz und Pfeffer würzen, dann 30 Minuten ruhen lassen.

2 Eine (Crêpe-)Pfanne von etwa 20 cm Durchmesser erhitzen, darin etwas Butter zerlassen, dann nacheinander 6 dünne Pfannkuchen ausbacken (Step a).

3 Die fertigen Pfannkuchen jeweils aus der Pfanne nehmen und auf einem Teller etwas abkühlen lassen. Dann aufrollen und in feine Streifen scheiden (Step b).

4 2 l gut abgeschmeckte Gemüse-, Geflügel- oder Fleischbrühe zum Kochen bringen, auf vier Suppenteller verteilen, Schnittlauchröllchen und die Pfannkuchenstreifen darauf geben (oder zuerst die Streifen in die Teller geben und diese mit der heißen Brühe übergießen).

a

b

a
Wenig Teig in die heiße Pfanne gießen und durch Kippen darin gleichmäßig verteilen.

b
Die Pfannkuchen locker aufrollen und quer in feine Streifen schneiden.

PASTA & GETREIDE

Pizzateig

herstellen und verarbeiten (ohne Vorteig)

a | 300 g Mehl Type 405 und ½ TL Salz mischen. 20 g frische Hefe in ⅛ l lauwarmem Wasser auflösen.

b | 2 EL Olivenöl unter die Hefelösung mischen, die Flüssigkeit zum Mehl in eine Mulde in die Mitte gießen.

c | Hefelösung nach und nach mit immer mehr Mehl verrühren, bis der Teig fester zu werden beginnt.

d | Den Teig auf eine bemehlte Arbeitsfläche geben und mit den Händen weiterbearbeiten: mindestens 5 Minuten durchkneten.

e | Gut kneten, bis der Teig glatt und elastisch ist; ihn dabei ruhig auch mehrmals kräftig auf die Arbeitsfläche schlagen.

f | Den Teig zu einer Kugel formen und in eine Schüssel legen. Mit etwas Mehl bestauben und mit einem sauberen Tuch abdecken.

PIZZATEIG HERSTELLEN UND VERARBEITEN P

g | 30 Minuten an einem warmen Ort gehen lassen, bis der Teig sein Volumen verdoppelt hat. Vor dem Ausrollen zu 2 Pizzafladen erneut kräftig durchkneten.

h | Fladen auf zwei gefettete Bleche geben. 800 g geschälte Tomaten grob zerkleinern. Die Teigböden damit belegen, dabei einen Rand frei lassen.

i | 250 g Mozzarella in dünne Scheiben schneiden und diese gleichmäßig auf den Tomaten verteilen. Den Pizzabelag mit Salz und Pfeffer würzen.

k | Basilikumblätter obenauf verteilen. Den Teig vor dem Backen noch 10–15 Minuten gehen lassen.

l | Über jeden Fladen etwa 5 EL Olivenöl träufeln. Den Backofen auf 220 °C (Ober-/Unterhitze) vorheizen.

m | Die Pizzas nacheinander 18–22 Minuten backen. Der Teig soll knusprig sein, der Belag saftig und weich.

315

PASTA & GETREIDE

Polenta

zubereiten

a | 200 g mittelfeinen Maisgrieß (Polenta) in 1 l kochendes Salzwasser einrieseln lassen, dabei ständig mit dem Schneebesen rühren.

b | Mit einem Holzlöffel ständig, mindestens 20 Minuten, in derselben Richtung rühren. Weil es anfangs spritzt, ein Tuch über den Topf legen.

c | Soll die Polenta als Beilage serviert werden, etwas Wasser und 50 g Butter einrühren. Dazu Parmesan reichen.

d | Soll die Polenta weiterverarbeitet werden, diese weiter in derselben Richtung rühren, bis sich die Grießmasse vom Topfboden löst.

e | Den Polentakloß auf ein feuchtes Brett geben, 1 cm stark ausrollen – hilfreich sind dabei 2 Holzleisten von 1 cm Höhe.

f | Teig vor dem Weiterverarbeiten (Schneiden, Ausstechen, Braten oder Backen) 30 Minuten mit Folie abgedeckt ruhen lassen.

PASTA & GETREIDE

Polenta

weiterverarbeiten

a
Aus 150 g mittelfeinem Maisgrieß, ½ l Wasser und 1 TL Salz eine Polenta zubereiten wie in den Steps a–f auf Seite 316 gezeigt und beschrieben. Mit Hilfe einer runden Ausstechform spitze Ovale aus der Polenta ausstechen (siehe das Bild).

b
Eine feuerfeste Form buttern und die Grießstücke (in Italien auch Gnocchi genannt) dachziegelartig hineinschichten, mit 40 g frisch geriebenem Parmesan bestreuen.

c
100 g Butter in einem Topf zerlassen, darin 1 zerdrückte Knoblauchzehe kurz anschwitzen. 2 EL gehackte Kräuter (Petersilie, Oregano, Rosmarin) einrühren. Die flüssige Kräuterbutter gleichmäßig über die Polenta verteilen.

d
Die »Gnocchi alla romana«, wie dieses Gericht in Italien heißt, in den auf 220 °C vorgeheizten Ofen schieben, etwa 10 Minuten backen. Zum Schluss noch für etwa 1 Minute den Grill zuschalten, damit die Oberfläche schön bräunt. Sofort servieren.

POLENTA WEITERVERARBEITEN – **RAVIOLI** HERSTELLEN (EINFACHE ART) | R

Ravioli

herstellen (einfache Art)

a | Nudelteig (Rezept Seite 304) mit der Maschine zu dünnen Bahnen ausrollen. Entlang einer Längsseite kleine Portionen Füllung aufsetzen, ...

b | ... Teigränder rundum mit Eiweiß bestreichen (Step a), die unbelegte Teig-Längsseite überklappen, an den Rändern gut festdrücken.

c | Teig zwischen der Füllung mit einem Kochlöffelstiel andrücken. Die Ravioli mit einem Teigrädchen voneinander trennen (unten).

PASTA & GETREIDE

Ravioli

herstellen (gefaltete Art)

a | Frischen Nudelteig (nach dem Rezept auf Seite 304) herstellen. Den Teig dünn ausrollen und gezackte Kreise von 6–7 cm Durchmesser ausstechen.

b | Den Teig ringsum entfernen und jeweils in die Mitte der Kreise eine sehr kleine Portion Füllung (im Bild Ricotta-Kräuter-Füllung) setzen.

c | Falls der Teig schon relativ trocken ist, die Ränder der Teigkreise befeuchten. Die Kreise dann auf die Hälfte klappen und die Ränder gut zusammendrücken.

d | Die Ravioli in Salzwasser 8–10 Minuten kochen und auf vorgewärmten Tellern anrichten. Mit zerlassener Butter beträufeln, mit Parmesanspänen bestreuen.

RAVIOLI HERSTELLEN (GEFALTETE ART) – GRUNDREZEPT

Ravioli

Grundrezept

1 Aus 300 g doppelt griffigem Weizenmehl, 2 Eiern, 4 Eigelben und 6 TL Salz einen Nudelteig wie auf Seite 304/305 beschrieben herstellen und 1 Stunde ruhen lassen.

2 Für die Füllung 300 g jungen Blattspinat putzen, in leicht gesalzenem Wasser 2 Minuten blanchieren, in Eiswasser abschrecken, abtropfen lassen und sorgfältig ausdrücken. Den Spinat grob hacken und in einer Schüssel mit 200 g Ricotta, 100 g frisch geriebenem Parmesan, 2 Eigelben, ½ TL Salz, etwas Pfeffer und Muskat vermengen (Bild rechts).

3 Den Nudelteig zu dünnen Teigbahnen ausrollen und eine bemehlte Ravioliform mit einer Bahn auslegen. In jede Vertiefung etwas Füllung geben (Step a) und die Teigränder mit Eiweiß bestreichen.

4 Eine Teigbahn darüber legen, mit dem Nudelholz vorsichtig darüber rollen, ohne dass sich die Füllung verschiebt (Step b). Den Teig mit den Fingern rund um die Füllung leicht andrücken.

5 Ravioli vorsichtig aus der Form nehmen – sie vorher eventuell durch Aufstoßen der Form auf die Arbeitsfläche lockern. Die Teigtaschen in sprudelnd kochendes Salzwasser einlegen, die Hitze reduzieren und die Ravioli in 4–5 Minuten gar ziehen lassen. Herausheben, abtropfen lassen und mit zerlassener Butter – pur oder auch mit Salbei aromatisiert – servieren.

a

b

a
Ravioli mit einer speziellen Ausstanzform herstellen: Form mit einer dünnen Teigplatte auslegen, Füllung in die Vertiefungen geben.

b
Eine zweite Teigplatte darüber legen. Durch das Überrollen mit den Nudelholz werden die einzelnen Ravioli ausgestanzt.

321

REIS DÄMPFEN, IRANISCH

Reis

dämpfen (iranische Methode)

a | 400 g Langkornreis (Basmati) waschen, 5 Minuten kochen, abgießen, abtropfen lassen. In einem schweren Topf 50 g Butter schmelzen.

b | Den vorgekochten Reis esslöffelweise in den Topf füllen, dabei darauf achten, dass die Topfwände möglichst frei bleiben.

c | Mit einem Kochlöffelstiel mehrere Löcher in die Reismasse stechen, damit der Dampf später besser zirkulieren kann.

d | Den Topfdeckel mit einem Tuch umwickeln, den Topf damit zudecken. Den Reis 20 Minuten bei mittlerer Hitze dämpfen.

e | Den Reis noch 30 Minuten bei kleinster Hitze weiterdämpfen. Den Topf mit dem fertigen Reis in eine Schüssel mit Eiswasser tauchen.

f | Den Reis mit der goldbraunen Kruste, die sich durch das Eintauchen vom Boden gelöst hat, in eine Schüssel stürzen und servieren.

PASTA & GETREIDE

Reis

dämpfen (japanische Methode)

a | 425 g (japanischen) Rundkornreis in kaltem Wasser vorsichtig kneten, abgießen. Den Vorgang wiederholen, bis das Wasser klar bleibt.

b | Dann den so vorbereiteten Reis in ein Sieb abgießen und mindestens 30 Minuten (bis zu 1 Stunde) abtropfen lassen.

c | Den Reis zusammen mit 850 ml Wasser in einen Topf geben. Den Topf zudecken und den Reis zum Kochen bringen.

d | Ein Tuch zwischen Topf und Deckel legen und den Reis 12 Minuten bei schwacher Hitze dämpfen.

e | Vom Herd nehmen, 15 Minuten ruhen lassen. So ist der Reis in der Konsistenz ideal fürs Essen mit Stäbchen.

REIS DÄMPFEN, JAPANISCH – KOCHEN (ABSORPTIONSMETHODE)

Reis

kochen (Absorptionsmethode)

a | Reis mit der entsprechenden Menge Wasser in einen Topf geben: Pro 100 g Parboiled Reis rechnet man 250 ml, pro 100 g Basmati- oder Duftreis 300 ml.

b | Das Wasser aufwallen lassen, dann die Hitze reduzieren und den Reis zugedeckt bei kleiner Hitze weiterköcheln lassen (Garzeit siehe Packungsanweisung).

c | Ist der Reis gar und noch Wasser übrig, dieses abgießen. Andernfalls den Reis ausdampfen lassen, ihn dafür mit einer Gabel etwas auflockern.

325

PASTA & GETREIDE

Reis

kochen, Naturreis (Absorptionsmethode)

a | 250 g Naturreis in ein Sieb schütten und unter fließendem kaltem Wasser mehrmals gründlich waschen.

b | Reis in einer Schüssel mit kaltem Wasser bedecken, mindestens 1 Stunde, besser über Nacht, einweichen.

c | Reis gut abtropfen lassen. 80 g Zwiebelwürfelchen in 20 g Butter in einem großen Topf farblos anschwitzen.

d | Den Reis dazuschütten und unter Rühren mitschwitzen, bis die Körner gleichmäßig von Butter überzogen sind.

e | Nun 800 ml Flüssigkeit zugießen – gut eignen sich Geflügel- oder Gemüsefond (Rezepte Seite 376 bzw. 385), eventuell salzen.

f | Einmal aufkochen, dann die Hitze möglichst weit reduzieren und den Reis in etwa 25 Minuten zugedeckt ausquellen lassen.

326

Reis

kochen, Sushi-Reis

a
300 g japanischen Rundkornreis in einem Sieb unter fließendem Wasser waschen, bis das Wasser klar abläuft. Den Reis mindestens 30 Minuten bis zu 1 Stunde abtropfen lassen.

b
In einem Topf mit fest schließendem Deckel 360 ml Wasser mit dem Reis zum Kochen bringen. Die Hitze reduzieren, den Deckel auflegen und den Reis bei geringer Hitze 15 Minuten garen. Vom Herd nehmen.

c
Zwei Lagen Küchenpapier zwischen Topf und Deckel klemmen und den Reis noch 10–15 Minuten stehen lassen. Inzwischen 4 EL Reisessig sowie je 1 ½ TL Zucker und Salz verrühren und leicht erwärmen, bis sich der Zucker gelöst hat.

d
Den Reis in ein flaches hölzernes Gefäß füllen, nach und nach mit einem Holzspatel die Essigmischung unterarbeiten, dabei nicht rühren, sondern wie mit einem Pflug abwechselnd nach rechts und links »einschneiden«. Bis zur Verwendung mit einem feuchten Tuch abdecken.

| R | PASTA & GETREIDE |

Reis

Milchreis – vom Herd und aus dem Ofen

1 Für einfachen, im Topf gekochten Milchreis (4 Portionen) 1 l Milch mit 1 Prise Salz und einem Stück Zitronenschale oder Stangenzimt nach Wahl zum Kochen bringen.

2 250 g Milchreis (Rundkornreis) einrühren und bei schwacher Hitze in etwa 25 Minuten (siehe auch die Packungsaufschrift) ausquellen lassen. Gegebenenfalls noch wenig kochende Milch nachgießen.

3 Den fertig gegarten Reisbrei durchrühren (Step a), mit Zucker abschmecken, nach Belieben mit etwas Butter und/oder 1 Eigelb verfeinern. Mit Zimtzucker anrichten und/oder Obst dazu servieren.

Milchreis kann aber auch als Auflauf (aufgezogen) zubereitet werden:

1 100 g Zucker, 2 Eier, etwas abgeriebene Zitronenschale sowie 250 g Quark vermengen. Den nach obigem Rezept gegarten Milchreis sowie 500 g Apfelschnitze (z. B. von Boskoop-Äpfeln) untermischen.

2 Die Masse in eine gefettete Auflaufform füllen, im auf 180 °C vorgeheizten Ofen 45–60 Minuten backen (Step b). Mit Zimtzucker servieren.

a

b

a Der fertig gegarte Milchreis soll durch und durch weich sein und die Milch vollständig aufgenommen haben.

b Der Milchreisauflauf ist servierfertig, wenn die Oberfläche appetitlich gebräunt ist.

REIS MILCHREIS-GRUNDREZEPT – RISOTTO ZUBEREITEN

Reis

Risotto zubereiten

a | In einem Topf 20 g Butter zerlassen und darin 60 g Zwiebelwürfel unter Rühren farblos anschwitzen.

b | 400 g Rundkornreis bei mittlerer Hitze auf einmal dazuschütten und sofort rühren, damit er nicht ansetzt.

c | Den Reis unter Rühren anschwitzen, bis die Körner glasig werden. Sie dürfen aber keine Farbe nehmen.

d | Den Reis mit 150 ml Weißwein ablöschen. Bei mittlerer Hitze weiterrühren, bis der Reis den Wein weitgehend absorbiert hat.

e | Nach und nach unter Rühren 1–1,2 l heiße Fleischbrühe angießen. Jeweils rühren, bis die Brühe aufgesogen ist.

f | Den Reis in 12–15 Minuten fertig garen. Salzen, 30 g Butter und nach Belieben etwas geriebenen Parmesan einrühren.

R PASTA & GETREIDE

Reis

servieren, geformt

a | Vorgewärmte kleine Tassen (für flachere Reisportionen eignen sich auch Timbal- oder Ringförmchen) mit Öl auspinseln.

b | Die Reismasse (hier Kräuterreis) in die Förmchen füllen und gut festdrücken, anderenfalls fällt sie beim Stürzen auseinander.

c | Die Reisportionen auf vorgewärmte Teller stürzen und möglichst sofort servieren, damit der heiße Reis nicht auskühlt.

servieren, Tomatenreisnocken

a | 300 g Langkornreis mit 125 g Tomatenwürfeln garen, mit Thymian würzen. Weitere 125 g Tomatenwürfel unterheben.

b | Mit einem Esslöffel Nocken abstechen, mit einem zweiten Löffel abrunden. Den Reis mit dem zweiten Löffel vom ersten abnehmen.

c | Die geformten Tomatenreis-Nocken vom Löffel heruntergleiten lassen und jeweils zwei Nocken nebeneinander setzen.

PASTA & GETREIDE

Schupfnudeln (Kartoffelnudeln)

herstellen

a | Für 4 Personen 600–700 g mehlig kochende Kartoffeln in Alufolie gewickelt etwa 1 Stunde (200 °C) backen.

b | Die Kartoffeln schälen, es soll 500 g Kartoffelfleisch ergeben. 100 g Mehl auf eine Arbeitsfläche häufen.

c | Auf das Mehl 100 g geriebenen Parmesan, Salz, Pfeffer und etwas Muskat geben.

d | Die etwas abgekühlten Kartoffeln durch die Presse drücken, dabei gleichmäßig am Mehlrand verteilen.

e | 2 Eier in die Mehlmulde aufschlagen und von außen mit den Händen Mehl und Kartoffeln darüber häufen.

f | Mit den Fingern von innen nach außen arbeitend die Zutaten vermengen, bis Krümel entstanden sind.

SCHUPFNUDELN HERSTELLEN

g | Durch kräftiges Drücken mit beiden Händen rasch einen glatten Teig kneten. Nicht länger als nötig bearbeiten.

h | Den Teig kurz ruhen lassen, dann zu zwei Strängen von etwa 3–4 cm Durchmesser rollen. Mit Mehl bestäuben.

i | Dann von den beiden Teigsträngen quer mit einem großen Messer etwa 1 cm breite Stücke abschneiden.

k | Mit der Hand die Stücke zu spitz zulaufenden Nudeln rollen. Mit Mehl bestäuben, damit sie nicht kleben.

l | Schupfnudeln in Salzwasser kochen, bis sie an die Oberfläche steigen; mit einem Schaumlöffel herausheben.

m | Nudeln auf vorgewärmten Tellern anrichten, mit gebräunter Butter, Kräutern und Parmesan bestreuen.

PASTA & GETREIDE

Semmelknödel

herstellen

a
5 Brötchen vom Vortag in etwa 5 mm feine Scheiben schneiden, mit ⅛ l heißer Milch übergießen und 20 Minuten quellen lassen.

b
80 g Zwiebeln schälen und sehr fein hacken. 20 g Butter zerlassen und die Zwiebelwürfel darin glasig schwitzen. 2 EL gehackte Petersilie einrühren, mit Salz, Pfeffer und Muskat würzen, etwas abkühlen lassen.

c
3 Eier mit der Zwiebelmischung und dem Brot zu einem formbaren Teig verkneten. Diesen etwa 10 Minuten ruhen lassen.

d
Aus dem Teig acht Knödel formen. In kochendes Salzwasser einlegen, die Hitze reduzieren und die Knödel in 20 Minuten gar ziehen lassen. Herausheben und sofort servieren.

SEMMELKNÖDEL HERSTELLEN – SEMMELKNÖDEL-VARIANTEN

Variante: Brezenknödel

1 5 Laugenbrezeln vom Vortag (etwa 400 g) in 4 mm dicke Scheiben schneiden und in einer Schüssel mit etwa ¼ l heißer Milch übergießen, etwa 30 Minuten quellen lassen.

2 50 g Speckwürfelchen von geräuchertem, durchwachsenem Speck in 1 EL Öl kurz anbraten, 50 g gehackte Frühlingszwiebeln zufügen und 2–3 Minuten mitschwitzen.

3 2 EL gehackte Kräuter unterrühren. Die Mischung abkühlen lassen, zu den eingeweichten Brezeln geben. 2 Eier zufügen, mit Salz, Pfeffer und Piment würzen, alles gut vermengen.

4 Mit angefeuchteten Händen etwa 16 Knödel von je 50 g formen. In kochendes Salzwasser einlegen, die Hitze reduzieren und die Knödel in 15–20 Minuten gar ziehen lassen.

Variante: Quarkknödel

1 Von 4 Brötchen vom Vortag die Rinde abreiben. Das Innere sehr klein würfeln, mit 200 g trockenem Quark, 30 g Zucker, 1 Prise Salz und 80 g zerlassener Butter vermengen.

2 Separat 120 g saure Sahne mit 4 Eiern verquirlen. Die Mischung unter die Brot-Quark-Masse rühren. 60 g Mehl mit 50 g Semmelbröseln vermengen, unterheben und den Teig 30 Minuten ruhen lassen.

3 Aus dem Quarkteig kleine Knödel formen, in kochendes Salzwasser einlegen und 12–15 Minuten ganz leicht köcheln lassen. Mit einem Schaumlöffel herausheben, abtropfen lassen. Die Knödel mit gerösteten Semmelbröseln und Kompott servieren.

Knödel aus Brotteig

Klassisch zubereitet bestehen **Semmelknödel** nur aus wenigen Zutaten – siehe das **Rezept** auf der linken Seite. Sie lassen sich jedoch geschmacklich vielseitig **abwandeln,** beispielsweise mit fein gehackten **Pilzen,** mit **Nüssen** oder Kräutern. Und neben Weißbrot können auch andere Brotsorten die **Basis** des Knödelteigs bilden, etwa **Brezeln** (siehe das Rezept ganz oben) oder auch **Roggenbrot.** Das jeweilige Brot bringt dabei seinen ganz **charakteristischen Geschmack** mit ein. In **Österreich** wie auch im **süddeutschen Raum** kennt man darüber hinaus verschiedene, insbesondere **süße, Semmelknödelvarianten** mit **Quark** (siehe das Rezept oben).

PASTA & GETREIDE

Serviettenknödel

herstellen

a
8 Brötchen vom Vortag mit einem großen Sägemesser in kleine Würfel schneiden. 70 g Zwiebelwürfel in 20 g Butter glasig schwitzen, 5 EL gehackte grüne Kräuter nach Wahl einrühren.

b
Die Brotwürfel in eine Schüssel füllen und mit ¼ l lauwarmer Milch übergießen. Etwa 15 Minuten quellen lassen. 6 Eier trennen. 100 g Butter mit den Eigelben schaumig rühren, mit 1 TL Salz, Pfeffer und einer Prise Muskat würzen.

c
Die Zwiebel-Kräuter-Mischung und die Eigelb-Butter-Mischung zu den eingeweichten Brötchenwürfeln geben und untermengen.

d
Die 6 Eiweiße zu steifem Schnee schlagen und mit einem Kochlöffel vorsichtig unter die Masse heben.

SERVIETTENKNÖDEL HERSTELLEN

e
Ein sauberes Küchentuch ausbreiten und die Masse darauf mit feuchten Händen oder einem Löffel zu einer dicken Rolle formen.

f
Die Knödelmasse locker in das Tuch rollen und die Tuchenden mit Küchengarn fest zubinden.

g
Den Serviettenknödel in kochendes Salzwasser legen. Bei leicht offenem Deckel 1 Stunde gar ziehen lassen. Nach halber Garzeit wenden.

h
Die lockere Knödelrolle vorsichtig aus dem Tuch wickeltn. Sie lässt sich mit einem großen Messer mühelos in Scheiben schneiden.

S PASTA & GETREIDE

Spätzle

Teig herstellen

a | 500 g Mehl in eine Schüssel geben, 5 Eier, 1 TL Salz und 50 ml Wasser zufügen. Alles zu einem glatten Teig verrühren.

b | Den Teig schlagen, bis er in dicken Tropfen vom Löffel fällt. Dabei nach Bedarf noch bis zu 50 ml Wasser zufügen.

zubereiten: gehobelt

a | Allgäuer Spätzle oder, schweizerisch, Knöpfli haben eine typische Tropfenform. Diese erzielt man mit dem Spätzlehobel, der aus einem länglichen Lochblech besteht, mit einem rechteckigen Gefäß für den Teig darauf, …

b | das wie ein Schlitten hin- und hergeschoben wird. Der Teig tropft durch die Löcher und wird von dem »Schlitten« sofort wieder abgeschnitten, so dass Teigtropfen in das kochende Wasser fallen. Wenn sie nach oben steigen, sind sie gar.

SPÄTZLE TEIG HERSTELLEN – ZUBEREITEN

Spätzle

zubereiten: gepresst

a | Hier wird der Teig mit dem »Spätzleschwob«, wie Insider das einer Kartoffelpresse ähnliche Gerät nennen, in das kochende Wasser gedrückt. Es hat unten etwa 2 mm große Sieblöcher.

b | Den spaghettiähnlichen Nudeln merkt man am »Biss« an, dass sie nicht von Nudelteig, sondern von einem weichen Spätzleteig stammen: außen sehr weich und nur ein ganz leichter Kern.

zubereiten: geschabt

a | Für diese Urform der Spätzle wird eine Portion Teig auf ein angefeuchtetes Spätzlebrett (vorne spitz zulaufend) gegeben und mit einer Palette, die immer wieder befeuchtet werden muss, stückchenweise in das kochende Wasser »geschabt«.

b | Die entstehenden länglichen Nudeln sollen möglichst gleichmäßig stark sein, damit sie auch gleichzeitig gar werden. Wenn alle an der Oberfläche schwimmen, sind sie fertig, und man kann sie herausheben.

PASTA & GETREIDE

Sushi

Futo-Maki-Sushi herstellen

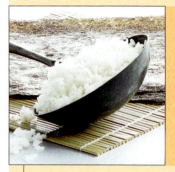

a | Grundzutaten: Bambus-Rollmatte, geröstete Noriblätter, vorbereiteter Sushi-Reis (Seite 327) und für die Füllung z. B. Tofu, Fisch, Avocado, Wasabipaste.

b | 1 Noriblatt auf die Matte legen, darauf Sushireis 1 cm hoch verteilen, oben einen Streifen frei lassen. Wasabipaste quer aufstreichen. Die Füllung darauf legen.

c | Etwas Sushireis auf dem freien Rand als »Klebstoff« zerdrücken. Das Noriblatt mit Hilfe der Bambusmatte von der anderen Seite her vorsichtig aufrollen.

d | Gleichmäßig bis zum oberen Rand des Noriblatts weiterrollen. Die Bambusmatte öffnen und die Rolle auf den verbliebenen Algenstreifen drücken.

e | Die Rolle wieder in die Bambusmatte wickeln und auf vier Seiten etwas flach drücken. Sie erhält dadurch einen leicht rechteckigen Querschnitt.

f | Die Bambusmatte entfernen und die Rolle mit einem scharfen, in Essigwasser getauchten Messer in sechs Sushi-Stücke schneiden.

SUSHI HERSTELLEN FUTO-MAKI-SUSHI – NIGIRI-SUSHI

Sushi

Nigiri-Sushi herstellen

a | 1 dünne Scheibe rohes Tunfischfleisch (Sushiqualität!) in die eine Hand, etwas vorbereiteten Sushireis (Seite 327) in die andere nehmen.

b | Wenig Wasabipaste auf der Tunfischscheibe verteilen, den Reis dabei – oval geformt – in der einen Hand behalten.

c | Das Reisbällchen auf die bestrichene Fischscheibe legen, mit dem Zeigefinger an- und dabei etwas platt drücken.

d | Die Hand etwas schließen und das Sushi dadurch an den Seiten ein wenig zusammendrücken.

e | Die Enden mit Daumen und Zeigefinger etwas abrunden, die Finger dabei wiederholt befeuchten.

f | Das Sushi – Fisch nach oben – mit Sojasauce, Wasabipaste und eingelegtem Ingwer servieren.

PASTA & GETREIDE

Tortellini

herstellen

a | Nudelteig (siehe Seite 289 Step 1) in 4 x 4 cm große Quadrate schneiden. Wenig Füllung in die Mitte geben. Teig zu Dreiecken falten, die Ränder zusammendrücken.

b | Die Dreiecke mit der Spitze Richtung Hand zeigend um den Finger schlingen. Die Enden übereinander legen und gut festdrücken.

c | Teigspitzen fassen und umklappen, die Tortellini vorsichtig vom Finger ziehen. In sprudelnd kochendem Salzwasser garen, bis sie an die Oberfläche steigen.

342

TORTELLINI HERSTELLEN – **WON-TANS** HERSTELLEN

Won-tans

herstellen

a | Je 2 Won-tan-Blätter (Asia-Laden) übereinander legen. Füllung (hier mit asiatisch scharf gewürztem Geflügelhack) aufsetzen.

b | Die Teigblätter von der unteren Spitze her zu zwei Dritteln aufrollen, so dass die Füllung vollständig umhüllt ist.

c | Die beiden seitlichen Enden der gefüllten Teigrolle mit etwas Eiweiß bepinseln, übereinanderlegen und fest zusammendrücken.

d | Die Spitzen der beiden Teigblätter auseinanderziehen. Die Won-tans frittieren und als Suppeneinlage reichen.

Kräuter & Gewürze
von Chilischoten bis Zitronengras

KRÄUTER & GEWÜRZE

Chilischoten

frische, vorbereiten

a
Für besonders scharfe Gerichte, z. B. südostasiatische Suppen und Eintöpfe, die gewaschenen Chilischoten mit den Samen in feine Ringe schneiden.

b
Meist werden, nicht zuletzt aus optischen Gründen, die Samen, in denen die meiste Schärfe steckt, aber entfernt. Dazu die gewaschene, vom Stiel befreite Chilischote längs aufschlitzen.

c
Samen und weiße Trennhäutchen mit einem Messer entfernen: Die Schote an der Spitze halten, mit dem Messer nach oben schabend arbeiten ...

d
... oder einen kleinen Kugelausstecher verwenden. Das Fruchtfleisch anschließend quer oder längs in Streifen schneiden oder hacken.

CHILISCHOTE FRISCHE, VORBEREITEN – GETROCKNETE, VORBEREITEN

Chilischoten

getrocknete, vorbereiten

a | Schote waschen, den Stiel abschneiden. Gummihandschuhe verhindern Reizungen von Haut und Augen.

b | Die Chilischote mit einem scharfen Messer der Länge nach von oben nach unten aufschlitzen.

c | Samen und Scheidewände herauskratzen und das Fruchtfleisch in ganz feine Streifen schneiden.

347

GEWÜRZE ZERKLEINERN | G

Gewürze

zerkleinern

a | Im Mörser lassen sich trockene Gewürze verschieden fein zerstoßen bzw. zermahlen, von grobkörnig bis pulverfein.

b | Sollen größere Mengen an Gewürzen zerkleinert werden, empfiehlt sich eine elektrische Gewürzmühle.

c | Große, spröde Gewürze, etwa Kardamomkapseln, kann man gut mit einem Nudelholz grob zerkleinern ...

d | ... oder man bricht sie einfach in grobe Stücke, wie hier die Zimtstangen oder auch getrocknete Lorbeerblätter.

KRÄUTER & GEWÜRZE

Gewürzmischungen, Pasten

Gelbe Currypaste

1 12 getrocknete rote Chilischoten in einer kleinen Schüssel mit lauwarmem Wasser bedecken und 30 Minuten darin einweichen.

2 60 g Schalotten schälen und klein schneiden, 10 g Korianderwurzel putzen und fein hacken. 20 g Zitronengras – nur der untere, helle Teil des Stängels – in Ringe schneiden (siehe auch Seite 373).

3 Die Chilischoten aus dem Wasser nehmen und abtropfen lassen, zusammen mit den vorbereiteten Zutaten im Mörser oder Mixer zu einer glatten Paste verarbeiten.

4 Die Paste in eine Schüssel umfüllen und 1 EL gemahlenen Kreuzkümmel sowie 5 TL Kurkumapulver gut untermischen.

Rote Currypaste

1 8 getrocknete rote Chilischoten in einer kleinen Schüssel mit lauwarmem Wasser bedecken und 30 Minuten darin einweichen.

2 20 g Zitronengras – nur der untere, helle Teil des Stängels – in Ringe schneiden (siehe auch Seite 373). 20 g frische Galgantwurzel, 3 Knoblauchzehen und 40 g rote thailändische Zwiebelchen schälen, fein schneiden.

3 Chilis aus dem Wasser nehmen und abtropfen lassen. Zusammen mit den vorbereiteten Zutaten, 1 EL Koriandersamen, 1 TL Kümmelsamen, 1 EL fein gehackter Kaffirlimettenschale und 1 TL Garnelenpaste (Kapi) im Mörser oder Mixer zu einer glatten Paste verarbeiten.

Würzpasten

Würzpasten auf Chilibasis sind Spezialiät der **südostasiatischen Curryküchen**. Sie enthalten neben reichlich **Chilis** vor allem frische aromatische Zutaten wie **Ingwer**, Galgant, Zwiebeln, Knoblauch, **Zitronengras**. Bereits eine kleine Menge einer solchen Paste reicht aus, um **Aroma** sowie die gewünschte **Schärfe** ans Essen zu bringen.

Auch in **Arabien**, im Jemen, kennt man eine erfrischendscharfe Würzpaste: **Zhug**, aus Chilis, Knoblauch, **Koriander, Kardamom**. Sie wird als Tischgewürz verwendet. Und in **Louisiana** verleiht die scharf-würzige **Cajun-Gewürzmischung** Eintopfwie Fleischgerichten ihren typischen Geschmack. Sie bekommt ihre **sämige Konsistenz** von zerdrücktem Knoblauch und Zwiebeln.

GEWÜRZMISCHUNGEN PASTEN – PULVER

Gewürzmischungen, Pulver

Trockene Gewürzmischungen

Unter den aus den verschiedensten **Küchen der Welt** bekannten Gewürzmischunger sind **Currypulver**, Masalas (Rezepte auf Seite 352) und andere fernöstliche Würzpulver die wohl bekanntesten. Aber auch in **Afrika** und im **Nahen Osten** wird traditionell mit mehr oder weniger fein zermahlenen gemischten Gewürzen gearbeitet – als Beispiele seien das am Persischen Golf gebräuchliche **Baharat**, das äthiopische Berbere sowie das marokkanische **Ras el hanout** angeführt.

In der europäischen Küche kennt man z. B. das französiche **Quatre-epices** und die verschiedensten Gewürzmischungen für **Pickles**.

Im weiteren Sinne kann man zu den trockenen Gewürzmischungen auch diejenigen zählen, die ausschließlich aus **getrockneten Kräutern** bestehen, z. B. Kräuter der Provence.

Der Mehrzahl an traditionellen Gewürzmischungen ist gemeinsam, dass man dafür keine genau definierten, unveränderlichen **Zutaten und Mengen** kennt. Gerade das macht aber auch den Reiz aus, solche Mischungen **selbst herzustellen.** Dazu verwendet man am besten ganze Samen oder Körner. Um das **Aroma** dieser trockenen Gewürze zu intensivieren, werden sie vor dem Mahlen **geröstet.**

Gewürze rösten

a | Eine Pfanne ohne Fettzugabe bei mittlerer Temperatur erhitzen. Die gemischten Gewürze hineingeben und unter ständigem Bewegen rösten, bis sie anfangen, leicht Farbe zu nehmen und zu duften.

b | Die Gewürze sofort aus der Pfanne auf einen Teller schütten, etwas auskühlen lassen und anschließend in der Gewürzmühle oder im Mörser so fein wie gewünscht zerkleinern.

KRÄUTER & GEWÜRZE

Gewürzmischungen, Pulver

Garam masala

1 10 grüne und 5 schwarze Kardamomkapseln in einem Mörser grob zerstoßen.

2 Kardamom mit 30 g Kreuzkümmelsamen, 10 g Koriandersamen, 10 g schwarzen Pfefferkörnern, 8 Gewürznelken, 4 Zimtstangen von je etwa 5 cm Länge und 3 getrockneten Zimtblättern anrösten wie auf Seite 351 gezeigt und beschrieben.

3 Die Gewürzmischung am besten in einer elektrischen Gewürzmühle – das Zerkleinern im Mörser ist zeit- und kraftaufwendig – fein mahlen. 3 g frisch geriebene Muskatnuss untermischen. Das Garam masala in einem luftdicht verschlossenen Glas kühl und dunkel aufbewahren.

Chat masala

1 10 g Kreuzkümmelsamen, 12 g schwarze Pfefferkörner, 6 Gewürznelken, 1 g Ajowan, 2 g Koriandersamen, 4 getrocknete rote Chilischoten, 10 g getrocknete Granatapfelkerne in einer Pfanne oder im Wok anrösten wie auf Seite 351 gezeigt und beschrieben.

2 Die Gewürzmischung am besten in einer elektrischen Gewürzmühle – das Zerkleinern im Mörser ist zeit- und kraftaufwendig – fein mahlen.

3 1 TL getrocknete Minze, ¼ TL gemahlenen Asant, 10 g Salz, 10 g Mangopulver (Amchur), 5 g Ingwerpulver und 20 g schwarzes Steinsalz untermischen. Das Chat masala in einem luftdicht verschlossenen Glas kühl und dunkel aufbewahren.

Indische Currypulver

In **Indien,** aber auch in **Südostasien** gibt es eine schier unüberschaubare **Vielfalt** an **Currypulvern.** Diese Gewürzmischungen, **Masalas** genannt, sind auf bestimmte Curry-**Hauptzutaten** wie Gemüse, Geflügel, Fleisch, Seafood **abgestimmt.**

Wenn möglich stellt man solche Mischungen **selbst** zusammen. **Regionale** Vorlieben und Traditionen spielen bei der **Komposition** eine große Rolle. Und auch die **Schärfegrade** solcher Mischungen können von Ort zu Ort variieren.

Die beiden Rezepte oben lassen die **Bandbreite** möglicher Geschmacksrichtungen erahnen: **Kräftig** würziges Garam masala passt zu **Fleischgerichten,** das salzig-säuerliche Chat masala schmeckt in **Currys,** aber auch in **Joghurtspeisen.**

GEWÜRZMISCHUNGEN PULVER – **INGWER** VORBEREITEN

Ingwer

vorbereiten

a | Beim Kauf pralle Wurzeln mit silbrig glänzender, glatter Haut auswählen. Die Wurzeln dünn schälen.

b | Anschließend den Ingwer je nach Verwendung quer in schmale Scheiben (etwa zum Mitgaren in Suppen) ...

c | ... oder in Würfelchen schneiden – so eignet er sich z. B. zum Mörsern (Würzpasten) und zum Anbraten (Wok).

d | Ingweraroma pur verleiht man Gerichten, wenn man die Wurzel fein reibt ...

e | ... oder sie in kleine Stücke schneidet und diese durch die Knoblauchpresse drückt.

353

KRÄUTER & GEWÜRZE

Knoblauch

vorbereiten und zerkleinern

a
Ungeschält und lediglich mit der Breitseite der Klinge eines schweren Messers angedrückt, verwendet man Knoblauch zum Mitschmoren oder auch zum Aromatisieren von Bratöl.

b
Für die meisten Anwendungen müssen die Knoblauchzehen aber geschält werden. Dazu unten quer den Ansatz abschneiden und von dort ausgehend die Häute entfernen.

c
Bei älterem Knoblauch die Zehen längs halbieren und den Keim entfernen – er schmeckt meist bitter.

d
Quer in feine Scheibchen geschnitten kann man Knoblauch in Marinaden verwenden, aber auch zum Anbraten.

KNOBLAUCH VORBEREITEN UND ZERKLEINERN K

e | Nur grob mit der Breitseite einer Messerklinge angedrückt, bleibt der Knoblauch im Gericht sichtbar und kann damit nach Belieben leicht entfernt werden.

f | Feiner zerkleinert und damit besser verteilbar im Gericht – auch in Teigen und anderen Massen – wird der Knoblauch, wenn man ihn durch die Presse drückt.

g | Ebenso fein zerkleinern kann man den geschälten Knoblauch auf der Arbeitsfläche: Man zerquetscht ihn unter Zugabe von ein wenig Salz mit einer Gabel.

355

KRÄUTER AUFBEWAHREN – EINFRIEREN

Kräuter

aufbewahren

a
In einer luftdicht schließenden Kunststoffdose halten sich Kräuter im Kühlschrank besonders lange.

b
Auch locker in einen Kunststoffbeutel verpackt und diesen fest verschlossen, lassen sich Kräuter gut im Kühlschrank aufbewahren. Eventuell die Kräuter vor dem Verpacken mit Wasser besprühen.

einfrieren

a
Frische Kräuter kann man – am besten bereits grob zerkleinert – in Dosen oder Gefrierbeuteln einfrieren. Bei Bedarf löffelweise entnehmen.

b
Oder Kräuter-Eiswürfel herstellen: Die vorbereiteten Kräuter – einzeln oder gemischt – in eine Eiswürfelschale füllen, mit Wasser oder Brühe übergießen, gefrieren lassen und einzeln verpacken. Ideal zum Würzen von Saucen und Suppen.

KRÄUTER & GEWÜRZE

Kräuter

einlegen

a | Frische Kräuter dicht in verschließbare Gläser schichten. Hochwertiges Pflanzenöl mit wenig Eigengeschmack bis daumenbreit darüber aufgießen.

b | Kräuterblättchen oder gehackte Kräuter dicht in verschließbare Gläser füllen, klaren Essig bis daumenbreit über die Kräuter aufgießen. Gut für Salate.

c | Kräuterblättchen und Salz im Verhältnis 4:1 in Schichten in ein verschließbares Glas geben. Die Kräuter wegen des hohen Salzanteils sparsam verwenden.

trocknen (in der Mikrowelle)

a | In der Mikrowelle kann man Kräuter schnell und gut trocknen: Dazu wenige Kräuterzweige zwischen Küchenpapier legen.

b | Die Trocknungszeit hängt von der Leistung des Geräts und dem Feuchtigkeitsgehalt der Kräuter ab, sie liegt zwischen 1 und 4 Minuten.

c | Kleine oder dünne Blätter lassen sich nach dem Trocknen leicht abstreifen. Große Blätter kann man zusätzlich noch zerrebeln.

KRÄUTER EINLEGEN – ZERKLEINERN

Kräuter

waschen

a | Die ganzen Kräuterzweige bzw. unzerkleinerten Kräuter in einem Sieb mit kaltem Wasser abbrausen.

b | Die Kräuter locker in ein Tuch gehüllt trockenschütteln oder in einer Salatschleuder trocknen.

zerkleinern

a | Mit dem Messer lässt sich die gewünschte Feinheit leicht bestimmen; Schneiden eignet sich vor allem für großblättrige Kräuter.

b | Kleine Mengen lassen sich auch gut mit der Schere schneiden, z. B. direkt in die Salatschüssel. Empfehlenswert für Schnittlauch.

c | Mit dem Wiegemesser lassen sich kleinblättrige Kräuter rasch fein hacken. Vor allem für krause Petersilie gut geeignet.

KRÄUTER & GEWÜRZE

Kräuterbutter

herstellen

a | Blättchen von ½ Bund Petersilie, ¼ Bund Schnittlauch, einigen Zweigen Basilikum, etwas Liebstöckel, Thymian und Oregano mit einem Wiegemesser oder einem scharfen Messer fein zerkleinern.

b | 250 g weiche Butter glatt, aber nicht schaumig rühren. Mit 1 EL gehackten Schalotten, 2 zerdrückten Knoblauchzehen, 2 TL Limettensaft, ¼ TL weißem Pfeffer und 1 TL Salz verrühren.

c | Zuletzt die gehackten Kräuter zugeben und unterrühren. Nicht zu lange rühren, da sich sonst die Butter durch den Kräutersaft grün verfärbt. Die Butter etwas fest werden lassen.

d | Kräuterbutter auf Pergamentpapier vorsichtig zur Rolle formen; bis zur Verwendung kalt stellen, jedoch zimmerwarm servieren, sonst kommt das feine Aroma der Kräuter nicht zur Geltung.

KRÄUTERBUTTER HERSTELLEN – KRÄUTERESSIG/-ÖL HERSTELLEN

Kräuteressig, Kräuteröl

Kräuteressig

1 Von 1 Flasche (½ l) feinem Weißweinessig etwa ein Drittel abgießen und beiseite stellen. 2 Stängel Kräuter nach Wahl (Beispiele im Warenkundetext unten) waschen, trocknen und in die Flasche geben.

2 Den abgegossenen Essig wieder einfüllen und die Flasche gut verschließen. 2–3 Wochen an einem kühlen und dunklen Platz durchziehen lassen, anschließend die Kräuter herausnehmen und durch dieselbe Menge und Art frischer Kräuter ersetzen.

3 Der Essig ist nun gebrauchsfertig. Er hält sich kühl und dunkel gelagert bis zu 2 Jahre.

Kräuteröl

1 Von 1 Flasche (½ l) feinem Olivenöl etwa ein Drittel abgießen und beiseite stellen. 4 Stängel Kräuter nach Wahl (Beispiele im Warenkundetext unten) gründlich waschen, trocknen und in die Flasche geben.

2 Das abgegossene Öl wieder einfüllen und die Flasche gut verschließen. 2–3 Wochen an einem kühlen und dunklen Platz durchziehen lassen, anschließend die Kräuter herausnehmen und durch dieselbe Menge und Art frischer Kräuter ersetzen.

3 Das Öl ist nun gebrauchsfertig. Es sollte bald verbraucht werden, insbesondere, wenn es sich um kaltgepresstes handelt.

Öl und Essig mit Kräuteraroma

Mit Kräutern **aromatisierte** Essige und Öle sind denkbar einfach herzustellen. Sie eignen sich vor allem für die Zubereitung von **Salatsaucen**, Kräuteressig auch für Marinaden und **Fischsude**. Wird mit Kräuteröl **gebraten**, überträgt sich die feine Würze auf **Fleisch** und Gemüse; auch mit gewürztem Kräuteröl **bepinseltes** Geflügel nimmt das feine Aroma gut an.

Ganz nach **Geschmack**, Verfügbarkeit der Kräuter, aber auch nach dem **Charakter** des Gerichts kann man alle frischen Kräuter **kombinieren**. Für **Essig** am beliebtesten sind **Estragon**, **Dill**, Thymian, Basilikum, Rosmarin, **Minze** und Zitronenmelisse. **Kräuteröle** werden gern mit Basilikum, Rosmarin, **Thymian** und mit Fenchel angesetzt.

361

KRÄUTER & GEWÜRZE

Kräutersträußchen

Bouquet garni für Fisch

1 Ein Bouquet für Fischfonds besteht aus Estragon- und Thymianzweigen etwa zu gleichen Teilen sowie reichlich Petersilie und 1 Stück Sellerieknolle.

2 Dazu kommen einige Sellerieblättchen sowie ein Stück dünn abgeschnittene Zitronenschale und ½ Peperoni ohne Samen.

3 Das Kräuterbündel wird der Garflüssigkeit, sei es ein Fond für eine Saucenbasis, ein Pochierfond oder eine Fischbrühe, von Anfang an zugegeben, so können alle Bestandteile ihr Aroma gut abgeben. Es wird vor dem Servieren oder Weiterverarbeiten wieder entfernt.

Bouquet garni für Geflügel

1 Ein Bouquet garni für Geflügel hat als Basis Petersilie und Estragon sowie 1–2 Frühlingszwiebeln.

2 Dazu kommen 1 kleine Möhre und 1 Stängel Fenchelgrün.

3 Das Kräuterbündel wird der Garflüssigkeit, sei es ein Geflügelfond für eine Saucenbasis, ein Pochierfond oder eine Geflügelbrühe, von Anfang an zugegeben, so können alle Bestandteile ihr Aroma gut abgeben. Es wird vor dem Servieren oder Weiterverarbeiten wieder entfernt.

Bouquet garni für Fleisch

1 Das Universal-Bouquet für Fleischfonds besteht aus 1 Petersilienwurzel, 1 geschälten Knoblauchzehe, 1 Möhre und reichlich Petersiliengrün.

2 Dazu kommen außerdem Liebstöckel, Zitronenthymian, Oregano und 1 Zweig Bohnenkraut.

Wenn Rindfleisch und Wildbret besonders kräftig schmecken soll, nimmt man 1 Frühlingszwiebel, 1 Petersilienwurzel, Sellerieblätter, Petersilie, 1 kleinen Rosmarinzweig, Thymian, Salbeiblätter, 2 Lorbeerblätter und dünn abgeschnittene Orangenschale (nicht abgebildet).

KRÄUTER & GEWÜRZE

Meerrettich

Meerrettichsauce

Diese Sauce ist eine klassische Beilage zu gekochtem Fleisch, beispielsweise Tafelspitz (siehe das Bild rechts), sie passt aber auch gut zu Fisch oder zu Kartoffeln.

1 160 g frischen Meerrettich schälen und reiben wie in den Steps unten gezeigt und beschrieben. 300 ml Gemüsefond mit je 150 ml Milch und Sahne erhitzen und etwa 5 Minuten leicht köcheln lassen.

2 50 g entrindetes Weißbrot in kleine Würfel schneiden, diese im Milch-Sahne-Fond kurz aufkochen. Den Topf vom Herd nehmen, den geriebenen Meerrettich zugeben und etwas ziehen lassen.

3 Die Sauce durch ein feines Sieb passieren, mit Salz, Pfeffer und 1 Spritzer Zitronensaft abschmecken, noch einmal erhitzen (nicht mehr kochen) und 1 EL steif geschlagene Sahne unterziehen.

Meerrettich reiben

a Die Meerrettichstange waschen, gegebenenfalls mit einer Bürste Erdreste entfernen, und schälen. Dazu eignet sich ein Gemüseschäler gut.

b Die geschälte Stange dann je nach Verwendungszweck mehr oder weniger fein raspeln. Hier wird für eine Sauce auf der feinen Gemüsereibe gearbeitet.

MEERRETTICH MEERRETTICHSAUCE – **MUSKAT** NUSS UND BLÜTE VERWENDEN

Muskat

Nuss und Blüte verwenden

a | Die Samenkerne des Muskatnussbaums sollten frisch gerieben verwendet werden, da das Aroma des Pulvers rasch verfliegt.

b | Muskatblüte oder Macis, der orange- bis karminrote Samenmantel um die Muskatnuss, schmeckt ein wenig bitterer.

c | Verwendet wird Muskatblüte zermahlen bzw. zerstoßen. Man kann sie auch auf Vorrat zerkleinern, das Aroma hält sich eine Weile.

365

KRÄUTER & GEWÜRZE

Oliven

Stein entfernen

a | Reife, schwarze Oliven sind meist so weich, dass man die Steine gut mit einem Kirschkernentsteiner entfernen kann.

b | Auf diese Weise entsteint kann man die Oliven im Ganzen mitgaren, was attraktiv aussieht und viel Aroma verleiht.

c | Das Fruchtfleisch der grünen, unreifen Oliven ist meist sehr fest mit dem Stein verbunden, so dass man es abschneiden muss.

d | Dazu das Fruchtfleisch in vier Portionen längs mit geraden Schnitten eng am Stein entlang wegschneiden.

Oliven

Olivenpaste herstellen

Die würzige Paste ist eine der köstlichsten Würzsaucen aus dem mediterranen Raum, in der Provence unter dem Namen »Tapenade« bekannt. Sie kann zum Beispiel als schmackhafte Sauce für Nudelgerichte (mit etwas Nudelkochwasser verdünnt), aber auch als würziger Aufstrich für geröstete Weißbrotscheiben dienen. So passt sie gut zum Aperitif oder zu Wein.

1 3 Knoblauchzehen schälen und fein hacken. 100 g schwarze Oliven entsteinen (siehe links die Steps a und b; oder die Oliven halbieren und den Stein auslösen). Das Olivenfruchtfleisch hacken. 2 eingelegte Sardellenfilets klein schneiden.

2 Den Knoblauch in 60 ml nativem Olivenöl extra anschwitzen wie in Step a gezeigt und beschrieben. Das Knoblauchöl durch ein feines Sieb passieren, das Öl auffangen und abkühlen lassen. Inzwischen vorbereitete Oliven und Sardellen mit weiteren 60 ml Olivenöl zu einer Paste verarbeiten (Step b).

3 Das Knoblauchöl nach und nach unter die Oliven-Sardellen-Mischung rühren; mit Salz und Pfeffer würzen. Ergibt etwa 200 ml.

a Den Knoblauch in Olivenöl bei mittlerer Hitze unter Wenden nur hell anschwitzen.

b Olivenfruchtfleisch, Sardellen und Öl im Mörser zu einer feinen Paste zerreiben.

KRÄUTER & GEWÜRZE

Rosmarin

verwenden

a | Ganze Rosmarinzweige eignen sich z. B. zum Aromatisieren von Bratöl oder zum Mitbraten auf Fleisch.

b | Will man Rosmarin zerkleinert verwenden, die nadelförmigen Blätter von den holzigen Stielen abstreifen.

c | Dann die Rosmarinblättchen je nach Verwendungszweck mehr oder weniger fein hacken.

Safran

verwenden

a | Safran gibt es unzerkleinert als Fäden oder fein gemahlen zu kaufen. Man sollte ihn sparsam verwenden, da er leicht arzneiartig schmecken kann.

b | Ganze Fäden werden vor der Verwendung in Flüssigkeit eingeweicht. Beides fügt man dann gegen Ende der Garzeit dem Gericht zu.

c | Auch wenn gemahlener Safran benötigt wird, sollte man die Fäden kaufen (denn Pulver ist oft mit billigeren Zutaten verfälscht) und sie selbst im Mörser zerreiben.

d | Damit nichts von dem wertvollen Gewürz verloren geht, die Arbeitsgeräte mit Gar- oder Saucenflüssigkeit, die wieder zum Gericht zurückgegeben wird, säubern.

KRÄUTER & GEWÜRZE

Tamarinde

einweichen

a | Tamarinde wird in verschiedenen Formen angeboten. Häufig bekommt man das Mark der Tamarindenschoten zu einem grob strukturierten Block gepresst.

b | Um die säuerliche Würzflüssigkeit, die Gerichten zugegeben wird, zu gewinnen, etwa 1 EL abbrechen (Bild links) und in 150 ml warmem Wasser einweichen.

c | Nach etwa 10 Minuten lassen sich die Samen leicht vom Fruchtmark lösen. Beides noch kurz weiter einweichen lassen.

d | Einweichwasser durch ein Plastiksieb abseihen – Metall würde mit der Säure reagieren –, Mark und Samen wegwerfen.

Thymian

verwenden

a | Ganze Thymianzweige kann man für die Zubereitung von Fonds oder von Marinaden verwenden.

b | Wird das Kraut vor dem Servieren nicht entfernt, die Blättchen von den verholzten Ästen abstreifen.

c | Je nach Verwendung die abgestreiften Thymianblättchen mehr oder weniger fein hacken.

KRÄUTER & GEWÜRZE

Vanilleschote

Vanillezucker zubereiten

1 3–4 Vanilleschoten längs aufschlitzen und das Mark herausstreifen wie in den Steps unten gezeigt und beschrieben.

2 500 g weißen Zucker mit dem Vanillemark mischen. Den Zucker zusammen mit den Vanilleschoten in ein gut schließendes Glas geben.

3 Nach 1 Woche hat der Zucker das Vanillearoma aufgenommen. Nun kann man ihn zum Aromatisieren von Süßspeisen, Kuchenteigen oder Getränken verwenden.

Vanilleschote verarbeiten

a | Die Vanilleschote mit einem spitzen scharfen Messer längs halbieren.

b | Das Mark mit dem Messer aus den Schotenhälften streifen.

VANILLESCHOTE VANILLEZUCKER – **ZITRONENGRAS** VORBEREITEN   Z

Zitronengras

vorbereiten

a
Von den Zitronengrasstängeln das Wurzelende abschneiden oder den Anschnitt nachschneiden, äußere vertrocknete Blätter entfernen.

b
Den hellen Teil der Stängel in feine Ringe schneiden. Die oberen, grünen Blattteile werden in diesem Fall nicht verwendet.

c
Die Zitronengrasringe kann man nun entweder im Mörser zerstampfen (z. B. als Zutat für Würzpasten) oder in Suppen und Eintopfgerichten mitgaren (und dann mitservieren).

d
Wenn man die aromatischen Stängel lediglich mitgart, aber vor dem Servieren wieder entfernt, die oberen Blattspitzen abschneiden und die Stängel etwas weich klopfen.

Saucen
von Gemüsefond bis Schokoladensauce

FONDS

Gemüsefond

Mit fast jeder Gemüsesorte kann man einen Gemüsefond zubereiten.

Gemüsefond ist leicht, schmeckt aromatisch und enthält wenig Fett. Gemüse wird nach Geschmack und Saison verwendet. Nur mit Kohl und Sellerie sollten Sie sparsam umgehen, sie geben einen intensiven Geschmack. Spargel- und Pilzabfälle dagegen steigern das Aroma. Tomaten und Möhren machen eine schöne Farbe.

Grundrezept
Für 1 ½ l Gemüsefond die Schnittfläche von ½ Zwiebel auf der Herdplatte oder in einer heißen Pfanne anbräunen. 2 Zwiebeln schälen, in grobe Ringe schneiden. 100 g Brokkolistiele, 250 g Lauch, 300 g Möhren, 200 g Staudensellerie und 150 g Zucchini waschen, putzen und klein schneiden.
20 g Butter in einem großen Topf zerlassen und die Zwiebeln darin hell anschwitzen (Step a). Alles Gemüse dazugeben und offen kurz anbraten (Step b).
¼ l Weißwein und 3 l Wasser dazugießen. Die gebräunte Zwiebel, je 1 Zweig Thymian und Rosmarin sowie 1 Lorbeerblatt, 1 Gewürznelke und ½ Knoblauchzehe dazugeben und alles bei mittlerer Hitze aufkochen lassen (Step c).
30–40 Minuten köcheln lassen. Schaum, der dabei aufsteigt, regelmäßig mit einem Löffel abheben (Step d).
Ein Sieb mit einem Passiertuch auslegen. Den Gemüsefond durchpassieren (Step e). Nochmals erhitzen und auf 1 ½ l einkochen lassen.

Verwendung
Der Fond ist die Grundlage für Suppen und Saucen. Da meistens bei der Weiterverarbeitung nochmals gesalzen wird, seien Sie beim Kochen des Fonds sparsam mit Salz. Der Fond lässt sich in größeren oder kleineren Mengen einfrieren.

Bouquet garni
Oft wird ein Kräuter- und Gemüsebündel, das Bouquet garni (Seite 362), mitgekocht. Es ist entweder aus verschiedenen Kräuterzweigen gebunden, kann aber auch mehr oder weniger dem Suppengrün entsprechen.

GEMÜSEFOND

a | Die Zwiebelringe in Butter bei mittlerer Hitze unter Rühren andünsten, dabei nicht braun werden lassen.

b | Die vorbereiteten Gemüse zugeben und offen kurz anschwitzen. Mit Wein und Wasser ablöschen.

c | Die angebratenen Zwiebelringe und alle Gewürze hinzufügen und alles aufkochen lassen.

d | Schaum, der beim Kochen entsteht, immer wieder mit einem Löffel von der Oberfläche des Gemüsefonds abnehmen.

e | Den Gemüsefond durch ein mit einem Tuch ausgelegtes Sieb gießen. Das Gemüse wegwerfen, den Fond erhitzen und einkochen lassen.

FONDS

Fischfond

a | 1 kg Fischkarkassen (Fischabfälle und -abschnitte) grob zerkleinern und 20 Minuten wässern. Das Wasser immer wieder erneuern, bis es klar bleibt.

b | 3 EL Öl in einem großen Topf erhitzen und die Fischkarkassen darin 4–5 Minuten andünsten, immer wieder wenden.

c | Je 80 g Schalotten und Staudensellerie sowie je 100 g Petersilienwurzel und Lauch waschen, putzen und klein schneiden. Das Gemüse zugeben und mitdünsten.

d | Sobald die Mischung kocht, ½ l kalten trockenen, spritzigen Weißwein angießen, langsam erhitzen und bei mittlerer Hitze einkochen lassen.

FISCHFOND

e | 2 l kaltes Wasser dazugießen. Wein und Wasser müssen kalt sein und langsam erwärmt werden. So können sich die Aromastoffe besser entfalten.

f | 1 Lorbeerblatt, 2–3 Thymianzweige und ½ TL weiße Pfefferkörner zugeben. Mehr Gewürze würden den Eigengeschmack des Fonds überdecken.

g | Den Fond aufkochen und 20–30 Minuten köcheln lassen. Trübstoffe (Schaum), die durch gerinnendes Eiweiß entstehen, mehrmals abschöpfen.

h | Ein Spitzsieb mit einem Passiertuch auslegen. Den Fond hineinschöpfen und in den darunter stehenden Topf durchlaufen lassen.

FONDS

Kalbsfond

Die Knochen werden in ein Sieb abgegossen, um Schmutz zu entfernen.

Der besonders feine Kalbsfond dient weniger als Grundlage für eine Suppe, sondern wird eher für Saucen verwendet.

Grundrezept
In einem großen Topf reichlich Wasser aufkochen lassen. 2 kg Kalbskochen sowie 500 g Markknochen kalt waschen und säubern. Die Knochen in das kochende Wasser geben und aufkochen lassen (Step a). Sobald das Wasser aufwallt, die Knochen herausnehmen und in einem Sieb mit kaltem Wasser kräftig abbrausen (Step b). Die Brühe weggießen.

Die Knochen wieder in den Topf geben, mit kaltem Wasser bedecken (Step c). Aufkochen und 45 Minuten bei schwacher Hitze köcheln lassen. Den aufsteigenden Schaum immer wieder abnehmen (Step d).
Die Schnittfläche von ½ Zwiebel auf der Herdplatte oder in einer trockenen Pfanne anbräunen. Je 80 g Möhre, Lauch, Petersilienwurzel und Knollensellerie zu einem Bouquet garni (Seite 362) binden. Mit der angebräunten Zwiebel, 2 Gewürznelken und 6–8 Pfefferkörnern in die Brühe geben und weiterköcheln lassen (Step e).
Nach insgesamt 1½–2 Stunden die Brühe durch ein feines Tuch abgießen (Step f). Den Fond erkalten lassen. Das erstarrte Fett von der Oberfläche vorsichtig abheben.

Aufbewahrung
Im Kühlschrank hält sich der Fond in einem geschlossenen Gefäß mehrere Tage. Tiefgekühlt kann man ihn bis zu 6 Monate aufbewahren. Praktisch ist es, Fond in Eiswürfelbehältern einzufrieren und portionsweise für Saucen zu verwenden.

KALBSFOND

a | In einem großen Topf reichlich Wasser aufkochen lassen und die Kalbsknochen darin blanchieren.

b | Knochen herausnehmen und in einem Sieb kalt abbrausen, um sie zu säubern und abzukühlen.

c | Die Knochen wieder zurück in den Topf geben und mit kaltem Wasser bedecken.

d | Alles zum Kochen bringen und den Schaum öfters mit einer Schaumkelle vom Fond abnehmen.

e | Schwach köcheln lassen, nach 45 Minuten Zwiebel, Gewürze und das Bouquet garni zugeben.

f | Nach der Garzeit den Fond durch ein feines Tuch abgießen. Abkühlen lassen und vorsichtig entfetten.

381

FONDS

Rinderfond, dunkler

a | 2 kg Rinderknochen und 500 g Markknochen (ohne Mark) waschen, gut abtropfen lassen. 4 EL Öl in einen Bräter gießen und die Knochen darin verteilen.

b | Knochen bei 180 °C im Ofen 30–40 Minuten rösten. Dabei öfters mit einem Pfannenwender rühren und den Bratensatz vom Boden lösen.

c | Wenn die Knochen gleichmäßig goldbraun sind, diese in einen Topf mit 4 EL frischem Öl (nicht vom Bräterboden) umfüllen.

d | So viel kaltes Wasser hinzufügen, dass die angerösteten Knochen vollständig bedeckt sind.

RINDERFOND

e | Alles zum Kochen bringen. Aufsteigenden Schaum immer wieder mit einer Schöpfkelle abnehmen. 1 Zwiebel halbieren, die Schnittflächen anbräunen.

f | 2 Gewürznelken, 6–8 Pfefferkörner, 1 Lorbeerblatt, ½ Knoblauchzehe und 1 Bouquet garni (je 80 g Möhre, Lauch, Petersilienwurzel, Knollensellerie) zugeben.

g | Brühe 1–1 ½ Stunden köcheln. Ein Sieb mit einem doppelt gefalteten Passiertuch auslegen und den Fond nach und nach in der Topf durchlaufen lassen.

h | Den Rinderfond vollständig erkalten lassen. Dann das auf der Oberfläche erstarrte Fett mit einem Schaumlöffel von der Oberfläche abnehmen.

FONDS

Geflügelfond

a | Knochen und Geflügelinnereien in einem Bräter in heißem Öl anbraten.

b | Das Gemüse dazugeben und mitbraten, ohne dass es braun wird.

c | Knochen, Innereien und Gemüse mit Weißwein ablöschen.

d | Die Mischung in einen großen Topf umfüllen und 3 l Wasser dazugießen.

e | Aufkochen lassen und wiederholt abschäumen. Nach etwa 1 Stunde die Gewürze zugeben.

f | Ein Sieb mit einem Passiertuch auslegen und den fertigen Fond durchgießen.

GEFLÜGELFOND

Geflügelfond wird aus den Hähnchenkarkassen (Knochen und Fleischreste vom Hähnchen mit Hals, Magen und Herz) zubereitet. Aus ganzen Hähnchen kocht man eher eine Hühnerbrühe, die dann Basis für Suppen und Saucen ist.

Grundrezept aus Karkassen

Für etwa 2½ l Fond 2 kg Hähnchenkarkassen klein hacken. Mit 750 g Kalbsknochen in Scheiben 30 Minuten in kaltes Wasser legen, dieses hin und wieder erneuern. Gut abtropfen lassen. 4 EL Öl in einem Bräter erhitzen und die Karkassen und Knochen darin anbraten. Sie sollen nicht bräunen, dann bleibt der Fond hell (Step a).
100 g Möhren, je 80 g Staudensellerie und Lauch und 40 g Knollensellerie waschen, putzen und klein schneiden. In den Bräter geben und farblos mitbraten. Dann ¼ l trockenen Weißwein dazugießen (Step b, c). Alles in einen großen Topf geben und 3 l Wasser dazugießen (Step d). Aufkochen lassen und 1 Stunde bei schwacher Hitze köcheln lassen. Immer wieder abschäumen (Step e).
1 Lorbeerblatt, 15 Pfefferkörner, 4 Pimentkörner und 1 angedrückte Knoblauchzehe dazugeben und 1 weitere Stunde köcheln lassen. Dann abseits vom Herd 20 Minuten ruhen lassen. Den fertigen Fond durch ein Tuch passieren (Step f), lauwarm abkühlen lassen und entfetten (Foto auf dieser Seite).

Um den Fond zu entfetten, ein Stück Küchenpapier über die Oberfläche ziehen und das Fett so abnehmen.

Verwendung

Heller Geflügelfond schmeckt ganz leicht und ist deshalb die ideale Zutat für Fleisch- und Gemüsegerichte, er passt sogar zu Fisch. Er wird nur leicht gewürzt, denn beim Weiterverarbeiten kommen noch Gewürze dazu. Den Fond kalt stellen bzw. zur längeren Aufbewahrung einfrieren.

SAUCEN-KLASSIKER

Béchamel & Hollandaise

Béchamelsauce

a | 25 g Butter in einer Kasserolle bei mittlerer Hitze schmelzen lassen.

b | 30 g Mehl darin unter Rühren 1–2 Minuten farblos anschwitzen. ½ l Milch abmessen.

c | Sauce mit der Milch glatt rühren. Unter Rühren 20 Minuten köcheln lassen. Mit Salz, Pfeffer und Muskat würzen.

Sauce hollandaise

a | 200 g Butter schmelzen, mit einem Schaumlöffel den Eiweißschaum abheben.

b | 3 Eigelbe und 1 EL Wasser auf dem heißen Wasserbad verrühren. Kühle flüssige Butter unterschlagen.

c | Rühren, bis die Sauce dicklich wird. Mit Salz, Pfeffer, Zitronensaft abschmecken.

BÉCHAMEL & HOLLANDAISE

Sauce Mornay

1 Für diese Abwandlung der klassischen Béchamelsauce eine Béchamelsauce zubereiten wie auf Seite 386 oben gezeigt und beschrieben. 1 Eigelb und 200 ml Sahne verquirlen, abseits vom Herd einrühren.

2 60 g geriebenen Käse einrühren (siehe Bild rechts), z. B. je 30 g Parmesan und Fontina, Emmentaler oder Comté. Parmesan schmilzt kaum, mit ihm alleine würde die Sauce nicht die gewünschte Konsistenz bekommen.

3 Den Käse nur schmelzen lassen, die Sauce nicht mehr kochen lassen, sonst klumpt der Käse. 1–2 EL geschlagene Sahne unterheben.

Sauce mousseline

1 Für diese klassische Abwandlung der Sauce hollandaise eine Hollandaise kochen wie auf Seite 386 unten gezeigt und beschrieben, jedoch nur mit 150 g Butter und mit 2 Eigelben.

2 200 ml Sahne steif schlagen und gleichmäßig unter die Sauce heben. Das geht am besten mit dem Schneebesen (siehe Bild rechts). Die Sauce mit Zitronensaft sowie 1 Messerspitze Cayennepfeffer abschmecken.

3 Sauce mousseline passt gut zu gedünstetem Gemüse und zu Geflügel.

Saucen auf Basis von Milch und Ei

Sie sind **Begleiter zu Gemüse** wie die Sauce hollandaise, die klassisch zu Spargel gereicht wird. Oder sie dienen als **Basis für Aufläufe, Gratins oder Füllungen.** Beide Saucen müssen mit ein wenig Sorgfalt zubereitet werden. **Béchamelsauce** klumpt leicht. Es kann hilfreich sein, das **Mehl durch ein kleines Sieb** in die Butter zu streuen und es gut zu verrühren. Falls die **Sauce hollandaise** gerinnt, können Sie sie mit ein **paar Tropfen kaltem Wasser** aufschlagen und wieder cremig rühren.

Weitere Varianten:
Béchamelsauce wird mit angedünsteten Zwiebelwürfeln zur **Sauce Soubise.**

Leichter wird sie, wenn Sie Ei und Sahne weglassen. Sie können auch einen Teil der Milch durch Hühnerbrühe ersetzen.

387

SAUCEN-KLASSIKER

Sauce béarnaise

a | 4 EL trockenen Weißwein mit 4 EL Weißweinessig, 2 gehackten Schalotten, 2 Estragonstängeln sowie den Stielen von 50 g Kerbel offen einkochen lassen. Den Sud abkühlen lassen und durch ein Sieb gießen.

b | Den durchgesiebten Sud in ein Wasserbad stellen. Mit dem Schneebesen 3 ganz frische Eigelbe einrühren. Über dem Wasserbad erhitzen.

c | In die schwach siedende Sauce nach und nach 200 g Butter schlagen und so lange weiterschlagen, bis die Sauce cremig geworden ist.

d | Den Kräutersud und die gehackten Kräuter unterrühren. Alles nochmals erwärmen und dann mit Salz und Pfeffer abschmecken.

SAUCE BÉARNAISE

Sauce choron

a | Wie auf der linken Seite beschrieben eine Sauce béarnaise zubereiten und dann 1 EL Tomatenmark unterrühren.

b | Gewürfeltes Fruchtfleisch von 1 großen gehäuteten Fleischtomate dazurühren. Passt zu Lamm, Fisch, pochierten Eiern.

Sauce paloise

a | Eine Sauce béarnaise (siehe links) ohne Estragon zubereiten. 1 kleines Bund Minze waschen und trockenschütteln.

b | Die Minzeblätter fein schneiden und unter die Sauce heben. Sauce paloise passt sehr gut zu Lamm.

SAUCEN-KLASSIKER

Velouté & Püreesauce

Sauce velouté

a | 1 Schalotte schälen und fein hacken. 20 g Butter zerlassen und die Schalotten darin anschwitzen. 20 g Mehl unterrühren – es soll nicht braun werden.

b | ½ l kalten Gemüsefond (siehe Seiten 376 und 377) oder -brühe zugießen, glatt rühren. Einige Minuten durchkochen lassen.

c | 250 ml Sahne zugießen und die Sauce 5–10 Minuten köcheln lassen. Ab und zu umrühren.

d | Die Sauce velouté mit Salz und Pfeffer würzen und durch ein feines Sieb in einen Topf gießen.

VELOUTÉ & GEMÜSE-PÜREE-SAUCE

Gemüse-Püree-Sauce

a | Für eine Brokkolisauce 400 g Brokkoli waschen. Die Röschen von den Stielen trennen. Die Stiele putzen, schälen und klein schneiden.

b | Den Brokkoli in einen Topf geben und ¼ l heißes Salzwasser dazugießen. Etwa 15 Minuten köcheln lassen.

c | Brokkoli samt Sud fein pürieren. 2 EL Crème fraîche unterrühren. Die Sauce mit Salz, Pfeffer und Zitronensaft abschmecken.

d | Nach Belieben die Sauce mit 1 EL fein geriebenem Meerrettich verfeinern. Nochmals aufkochen lassen und abschmecken.

KALTE SAUCEN

Mayonnaise & Remoulade

Mayonnaise

a | 3 Eigelbe (Zimmertemperatur) mit 1 Msp. Senf, Salz, 1 Spritzer Zitronensaft und weißem Pfeffer verrühren.

b | ½ l Öl erst tropfenweise, dann in dünnem Strahl unter ständigem Rühren einlaufen lassen.

c | Die fertige Mayonnaise soll halbfest sein. Kalt aufbewahren und am selben Tag verzehren.

Remouladensauce

a | 2 frische Eigelbe und 2 Eigelbe von hart gekochten Eiern mit 1 EL mittelscharfem Senf verrühren.

b | ¼ l Öl in dünnem Strahl unterrühren, cremig rühren. Mit Pfeffer, Salz und 4 EL Weißweinessig würzen.

c | 1 Bund gemischte Kräuter, 1 EL Kapern, 1 kleine Zwiebel, 3 Cornichons und 2 Sardellenfilets hacken und untermischen.

Aïoli & Rouille

Aïoli

a | 2 Scheiben Weißbrot ohne Rinde in ⅛ l Milch einweichen. 4–6 Knoblauchzehen mit ½ TL Salz zerreiben. Brot ausdrücken, untermischen. 1 Eigelb unterrühren.

b | Die Brot-Knoblauch-Masse in eine Schüssel füllen, ¼ l Olivenöl nach und nach in dünnem Strahl einrühren.

c | Die Aïoli so lange rühren, bis sie cremig geworden ist, dann mit etwas Zitronensaft abschmecken.

Rouille

a | 5 Knoblauchzehen, 1 kleine rote Paprikaschote, 2 rote Chilis (beide ohne Samen), Salz und 5–6 Safranfäden zerreiben.

b | 1 gekochte Kartoffel zerstampfen, mit 1 Eigelb unterrühren. 150 ml Olivenöl in feinem Strahl langsam einrühren.

c | Die Rouille so lange kräftig rühren, bis sie eine cremige Konsistenz bekommt.

KALTE SAUCEN

Meerrettichsaucen

Klassische Meerrettichsauce

a | 300 ml Gemüsebrühe, 150 ml Milch und 150 ml Sahne 5 Minuten köcheln, mit 50 g Weißbrotwürfeln aufkochen lassen. Vom Herd nehmen. 160 g frisch geriebenen Meerrettich einrühren.

b | Sauce durch ein Sieb passieren, mit 1 Spritzer Zitronensaft abschmecken. Nochmals erwärmen und 1 EL geschlagene Sahne unterziehen.

Apfelmeerrettich

a | 1 Apfel schälen, 1 kleine frische Stange Meerrettich schälen. Beides auf der Küchenreibe mittelgrob raspeln.

b | Je 1 Prise Salz und Zucker sowie 125 g saure Sahne untermischen. Oder die Sauce mit der gleichen Menge geschlagene Sahne zubereiten.

MEERRETTICHSAUCEN – NUSSAUCE

Nusssauce

Walnusssauce

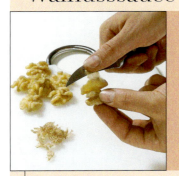

a | 125 g frische Walnusskerne von den Häutchen befreien. 40 g Weißbrot zerbröseln, in 2 El Wasser einweichen.

b | Die Walnusskerne zusammen mit den Bröseln im Mörser zerstoßen, dann im Mixer pürieren.

c | Abwechselnd 40 ml Olivenöl und 60 ml Sahne einarbeiten. Salzen, zu einer homogenen Sauce rühren.

395

KALTE SAUCEN

Pesto & Salsa verde

Klassisches Pesto

a | 4 Knoblauchzehen mit 50 g Pinienkernen zerstoßen. 200 g Basilikumblätter in Streifen schneiden und mit zerreiben.

b | 150 g geriebenen Parmesan nach und nach einarbeiten und im Mörser mit den übrigen Zutaten mischen. Pfeffern und bei Bedarf salzen.

c | Etwa 150 ml Olivenöl langsam einfließen lassen und alles mit dem Stößel gut mischen, so dass eine cremige Paste entsteht.

Pesto rosso

a | 300 g in Öl eingelegte getrocknete Tomaten in einem Sieb abtropfen lassen, das Öl auffangen.

b | Tomaten mit 50 g Pinienkernen, 1 TL Salz, Pfeffer, 4 Knoblauchzehen, 30 g Basilikum, 100 g geriebenem Pecorino mixen.

c | Das aufgefangene Öl unter die Paste rühren, eventuell noch Olivenöl zufügen, bis das Pesto cremig ist.

PESTO & SALSA VERDE

Rucola-Pesto

a | 300 g Rucola waschen, putzen, gut trockentupfen und in heißem Öl portionsweise kurz frittieren.

b | Mit 100 g Walnusskernen, 100 g geriebenem Parmesan, 1 Knoblauchzehe und Schale von 1 Zitrone mixen.

c | 200 ml Olivenöl einrühren und das Pesto salzen. In saubere Gläser füllen, mit Öl bedecken.

Salsa verde

a | Je 1 Bund Schnittlauch, Petersilie, Basilikum, Oregano, 3 Knoblauchzehen sowie 100 ml Olivenöl pürieren.

b | 5 EL Aceto balsamico nach und nach unterrühren, mit Salz und Pfeffer würzen.

c | 1 kleine gehackte Zwiebel und 50 g geriebenen Parmesan untermischen. Passt zu kaltem Fleisch.

DIPS

Avocado- & Erdnussdip

Guacamole

a | 1 große Fleischtomate kreuzweise einschneiden und mit kochendem Wasser überbrühen. Dann häuten, entkernen und klein würfeln.

b | 1 kleine Zwiebel und 2 Knoblauchzehen schälen und klein würfeln. 1 frische rote Chilischote waschen, entkernen, winzig klein würfeln.

c | 2 reife Avocados halbieren, den Kern mit einem Löffel auslösen, dann das Fruchtfleisch aus der Schale löffeln. Mit 2–3 EL Limettensaft pürieren.

d | Avocadopüree mit Tomatenwürfeln, Zwiebeln, Knoblauch und Chili mischen, salzen und pfeffern. Zuletzt gehacktes Koriandergrün untermischen.

AVOCADO- & ERDNUSSDIP

Erdnussdip

a | 125 g geröstete Erdnusskerne, 40 g Schalotten, 2 Knoblauchzehen, 2 rote Chilis und 2 EL Fischsauce pürieren.

b | 400 ml Kokosmilch oder Sahne unterrühren und den Dip 10 Minuten unter Rühren dicklich einkochen lassen.

c | Den fertigen Dip salzen. Gut passen auch Koriander, Kreuzkümmel, Zitronengras und Ingwer (mitpürieren) dazu.

DIPS

Grüne Sauce & Tzatziki

Frankfurter Grüne Sauce

a | Für eine klassische Grüne Sauce 2 hart gekochte Eigelbe durch ein feines Sieb in eine Schüssel drücken.

b | 2 EL neutrales Öl, 1–2 EL Essig, 125 g saure Sahne und 125 g Joghurt dazugeben und gut verrühren.

c | 250 g gemischte Kräuter (mind. 7 Sorten: Petersilie, Kerbel, Borretsch, Schnittlauch, Dill, Estragon, Sauerampfer, Pimpinelle) fein hacken.

d | Die Kräuter dazugeben und alles glatt rühren. Die Sauce mit Salz, Pfeffer und Zucker abschmecken und kalt stellen.

GRÜNE SAUCE & TZATZIKI

Tzatziki

a | 300 g Salatgurke nach Belieben schälen oder waschen, dann raspeln. Eventuell den Saft der Gurke abgießen.

b | 200 g Joghurt, 200 g saure Sahne, 1 EL hellen Essig oder Zitronensaft und 2 fein gehackte Knoblauchzehen dazugeben.

c | Alle Zutaten gründlich miteinander verrühren. Die Mischung mit Salz und Pfeffer abschmecken.

d | ½ Bund Dill waschen und trockenschütteln. Die Spitzen abzupfen, fein hacken und unterrühren. Gut gekühlt servieren.

SALATSAUCEN

Vinaigrettes & Dressings

Sauce vinaigrette

a | 2 EL Weinessig mit etwas Salz in einer Schüssel so lange verrühren, bis es sich aufgelöst hat.

b | Nach Belieben schwarzen oder weißen Pfeffer darüber mahlen und mit 1 TL Senf verrühren.

c | 6 EL hochwertiges Öl unterrühren, bis das Dressing sämig ist. Passt zu Blattsalaten.

Joghurt-Dressing

a | 150 g Joghurt in eine Schüssel geben. Blättchen von 2 Kräuterstängeln (nach Geschmack) fein hacken.

b | ½ kleine Zitrone auspressen. Den Zitronensaft und 1 EL Öl untermischen.

c | Die Kräuter dazugeben, mit Salz und Pfeffer würzen und alles verrühren.

402

VINAIGRETTES & DRESSINGS

Eier-Kräuter-Sauce

a | 2 Eier hart kochen, abschrecken, pellen und in feine Würfelchen schneiden.

b | 1 kleine Zwiebel und 1 Bund gemischte Kräuter fein hacken, mit 2–3 EL Essig zu den Eiern geben.

c | Mit 4 EL Öl, 3 EL Wasser, Salz und Pfeffer, ½ TL Senf und 1 EL Kapern verrühren. Zu kaltem Braten oder Fisch.

Thousand-Islands-Dressing

a | 150 g Mayonnaise, 2 EL Sahne, 3 EL Ketchup, Salz, Pfeffer und ¼ TL edelsüßes Paprikapulver verrühren.

b | 1 kleine Gewürzgurke, ½ kleine Zwiebel und 1 kleines Stück (ca. 30 g) Paprikaschote fein würfeln.

c | Gurken-, Zwiebel- und Paprikawürfel unter die Sauce rühren und nochmals abschmecken.

403

NUDELSAUCEN

Hackfleischsauce

a | 200 g Möhren, 200 g Zwiebeln sowie 2 Knoblauchzehen putzen und fein hacken. 4 EL Öl erhitzen und alles darin anbraten.

b | 160 g Staudensellerie putzen, würfeln und dazugeben. 4 EL gehackte Petersilie einrühren, alles einige Minuten anschwitzen.

c | 500 g gemischtes Hackfleisch dazugeben, bei mittlerer Hitze unter Rühren braten, bis es braun und krümelig geworden ist.

d | 200 g geräucherten Schinken fein würfeln und dazugeben. Alles unter Rühren etwa 5 Minuten braten.

HACKFLEISCHSAUCE

e | 800 g Tomaten kurz überbrühen, häuten und ohne die Stielansätze in kleine Würfel schneiden. Unter das Fleisch mischen.

f | 3 EL Butter sowie 800 g Pizzatomaten (2 kleine Dosen) dazugeben, durchrühren und offen köcheln lassen.

g | 6 EL Tomatenmark unter die Hackfleischmasse rühren. Die Masse im offenen Topf weiter köcheln lassen.

h | ½ l Fleischbrühe angießen. Die Sauce mit Salz und Pfeffer würzen, halb zugedeckt 1 Stunde bei schwacher Hitze schmoren.

NUDELSAUCEN

Tomatensaucen

Tomaten-Grundsauce

a | 800 g reife, gewaschene und vom Stielansatz befreite Eiertomaten längs vierteln und klein schneiden. Die Stücke in einen Topf geben.

b | 50 g klein gewürfelte Möhre zugeben. Je 100 g geschälte Zwiebel und geputzten Staudensellerie ebenso fein wie die Möhren würfeln.

c | Das Gemüse zugeben und den Topfdeckel auflegen. Alles bei niedriger Temperatur etwa 40 Minuten köcheln lassen.

d | Die weich gegarte Gemüsemischung portionsweise durch ein nicht zu feinmaschiges Sieb in eine Schüssel passieren.

e | Auch das unten am Sieb haftende Püree abstreifen. Die Sauce in eine Kasserolle umfüllen, erwärmen, mit Salz und Pfeffer würzen.

f | Die Sauce mit 4 EL nativem Olivenöl extra – löffelweise untergezogen – und mit 1 EL fein gehacktem Basilikum aromatisieren.

TOMATENSAUCEN

Frische Tomatensauce

a | Gehacktes Fruchtfleisch von 800 g gehäuteten Tomaten (siehe Seite 67) in 100 g Butter oder Olivenöl kurz anschwitzen.

b | Die Tomatenstücke einige Minuten köcheln lassen, mit Salz und Pfeffer würzen. 20 g grob zerpflücktes Basilikum einrühren.

c | Sind keine aromatischen frischen Tomaten zu bekommen, geschälte Tomaten aus der Dose nehmen. Den Sugo sofort servieren.

NUDELSAUCEN

Käsesauce

Gorgonzolasauce

a | 250 g Gorgonzola eventuell entrinden, grob zerkleinern und die Stücke mit einer Gabel fein zerdrücken.

b | 250 ml Sahne in eine Kasserolle gießen und unter Rühren erwärmen, aber nicht kochen lassen.

c | 100 ml Fleischbrühe (Instant oder selbst gemacht, siehe Seite 382) dazugießen. Alles bei mittlerer Hitze etwas einkochen lassen.

d | Den Käse einrühren und die Sauce bei schwacher Hitze unter Rühren sämig kochen. Mit Salz, Pfeffer abschmecken.

SAUCEN ZU FISCH

Curry- & Senfsauce

Currysauce

a | 30 g Butter würfeln, dann mit 1 ½ EL Mehl und 1 TL Currypulver auf einem Teller mit der Gabel verkneten.

b | Die Butter mit Hilfe von Frischhaltefolie zur Rolle formen, in den Kühlschrank stellen. Die feste Butter würfeln.

c | ½ l Hühnerbrühe aufkochen lassen. Die kalten (!) Butterwürfel dazugeben, schmelzen lassen und die Sauce mit einem Schneebesen glatt rühren.

d | 125 ml Sahne einrühren. Die Sauce in 5 Minuten cremig köcheln lassen. Mit Salz und Zitronensaft abschmecken. Passt besonders gut zu Geflügel.

CURRY- & SENFSAUCE

Senfsauce

a | 1 EL Butter erhitzen, 2 fein gehackte Schalotten darin anbraten. ¼ l Weißwein angießen und zur Hälfte einkochen lassen.

b | 4 EL guten Senf (Sorte und Schärfegrad nach Belieben) sowie etwa 6 EL Crème fraîche zugeben.

c | Alle Zutaten im Topf gut durchrühren. Die Senfsauce kurz unter Rühren aufkochen lassen.

d | Die Sauce mit Salz, Pfeffer und 1 Spritzer Worcestersauce abschmecken. Passt zu gedünstetem Fisch, gekochtem Geflügel.

SAUCEN ZU FISCH

Kräutersaucen

Dillsauce

a | 1 Zwiebel schälen und fein hacken. 1 EL Butter erhitzen, die Zwiebel darin glasig braten. 1 TL Mehl darüber sieben und unter Rühren anschwitzen.

b | ¼ l Milch und 200 ml Sahne einrühren. 1 Lorbeerblatt, Salz und Pfeffer dazugeben und die Sauce 20 Minuten unter Rühren köcheln lassen.

c | Die Sauce durch ein Haarsieb in einen Topf gießen. 2 Bund Dill waschen, trockenschwenken und fein hacken.

d | Den gehackten Dill in die Sauce rühren, mit ein paar Tropfen Worcestersauce, Zitronensaft und eventuell mit etwas Salz und Pfeffer abschmecken.

KRÄUTERSAUCEN

Estragonsauce

1 2 Schalotten schälen und fein hacken. 10 g Butter erhitzen.

2 Schalotten und 30 g Senfkörner in der Butter anschwitzen. Mit ½ l trockenem Weißwein ablöschen, die Sauce um die Hälfte einkochen lassen.

3 ¼ l Apfelsaft oder Cidre sowie ½ l Geflügelfond dazugießen und einkochen lassen.

4 Die Sauce durch ein feines Sieb gießen, mit Aceto balsamico, Pfeffer und Salz würzen.

5 2 Stängel Estragon waschen, trockenschütteln und die Blättchen fein wiegen. In die Sauce rühren, die Sauce noch einmal aufkochen lassen.

Die Estragonsauce nach Belieben mit Sahne (200 ml) verfeinern, reduzieren und mit kalten Butterstückchen – nach und nach unter die heiße, nicht mehr kochende Sauce gerührt – verfeinern (siehe Bild oben).

a

b

a Die Zwiebeln und Senfkörner mit Wein ablöschen, dabei den Bratsatz am Topfboden lösen.

b Die fertige Estragonsauce durch ein Haarsieb gießen, so wird sie feiner.

413

SAUCEN ZU FLEISCH

Saucen mit Fruchtaroma

Orangensauce

a | 2 unbehandelte Orangen waschen, dünn abschälen. Diese und 2 weitere Orangen auspressen. 1 EL Zucker mit 3 EL Saft bei mittlerer Hitze karamellisieren.

b | Den restlichen Saft dazugießen. 2 EL Weißweinessig, ¼ l Weißwein und ½ l Geflügelfond (bis auf 2 EL) dazugeben und alles 5 Minuten kochen lassen.

c | 1 TL Speisestärke mit den zurückbehaltenen 2 EL Fond anrühren, in die Sauce gießen, unter Rühren einmal aufkochen lassen. Mit der Sauce kann man nun den Bratensatz von Geflügel loskochen (Bild).

d | Die Orangensauce gegebenenfalls durch ein Sieb gießen. Die Orangenschalen in dünne Streifen schneiden, blanchieren und in die Sauce geben. Nach Geschmack salzen und pfeffern.

SAUCEN MIT FRUCHTAROMA

Preiselbeersauce

a | 500 g Preiselbeeren verlesen, waschen und in ⅛ l Wasser in 10 Minuten weich kochen. Die Beeren mit Hilfe eines Löffels oder Spatels durch ein feines Sieb passieren.

b | Den Saft mit 100 g Zucker und ⅛ l Weißwein verrühren. Erkalten lassen, dabei immer wieder rühren. Die Sauce passt zu Wild und dunklen Braten.

Cumberlandsauce

a | Je 1 unbehandelte Orange und Zitrone heiß abwaschen. Die Schale mit einem Zestenreißer abreißen und kurz blanchieren. 2 Orangen auspressen.

b | 4 EL Johannisbeergelee kurz erwärmen, mit 1 TL Senfmehl, Salz und Cayennepfeffer verrühren. Orangensaft unterrühren, zuletzt die Schalen dazugeben.

SAUCEN ZU FLEISCH

Rahmsaucen

Pilzsauce

a | 500 g Pilze putzen und klein schneiden. 1 Zwiebel schälen, hacken, in 3 EL Butter anbraten. Pilze zugeben und weich dünsten.

b | Mit ¼ l Rinderfond aufgießen (Rezept Seite 382), 1 EL Zitronensaft, Salz, Muskat und Pfeffer dazugeben.

c | Die Sauce 5 Minuten kochen lassen. 50 ml Sahne einrühren, die Sauce nochmals aufkochen lassen.

Braune Rahmsauce (von Bratensatz)

a | Bratensatz vom Anbraten von Fleisch mit wenig Wasser in der Pfanne durch Erhitzen gut lösen.

b | 250 g saure Sahne in die Pfanne geben und unter Rühren noch etwas einkochen lassen.

c | ½ l Rinderfond (Seite 382) mitköcheln. Die Sauce mit Cayennepfeffer und Zitronensaft abschmecken.

Pfeffersauce

a | Je 1 gehackte Zwiebel und Möhre, etwas Petersilie, Thymian sowie 1 Lorbeerblatt in 2 EL Butter andünsten, je 100 ml Essig und Rotwein angießen.

b | Den Sud zur Hälfte einkochen lassen. ¼ l dunklen Rinderfond (Seite 382) dazugießen und kurz mitkochen lassen.

c | 8 Pfefferkörner zerdrücken, untermischen und die Sauce einige Minuten köcheln lassen. Durchsieben und 1 EL Butter unterschlagen.

SÜSSE SAUCEN

Fruchtsaucen

Himbeersauce

a | 300 g Himbeeren (frisch oder auch tiefgekühlt) in einen Topf geben. Mit 3 EL Puderzucker bestreuen und 3 EL Zitronensaft darüber gießen.

b | Die Himbeeren zugedeckt bei schwacher Hitze 10 Minuten köcheln lassen, dabei immer wieder mit einem Kochlöffel gut umrühren, damit nichts ansetzt.

c | Die Himbeeren mit Hilfe eines Spatels durch ein feines Sieb streichen. Nach Belieben 4 cl Himbeergeist zugeben, die Sauce abkühlen lassen.

d | ½ Bund Minze waschen, abtrocknen und die Blätter fein schneiden. Unter die Sauce mischen. Die Sauce passt gut zu Eis und Panna cotta.

FRUCHTSAUCEN

Grapefruitsauce

a | 3 Grapefruits (besonders fein sind rosafarbene Früchte) auspressen. Saft durch ein feines Sieb in einen Messbecher gießen.

b | 50 g braunen Zucker in einem Topf bei schwacher Hitze schmelzen und bräunen. Saft nach und nach unterrühren. Offen dickflüssig einköcheln.

c | 4 EL Limettensirup einrühren und die Grapefruitsauce nochmals aufkochen lassen. Dabei ab und zu umrühren.

d | 25 g grüne, gehackte Pistazienkerne in die Grapefruitsauce einstreuen. Sauce abkühlen lassen und zu Fruchtsülzen oder Grießnocken reichen.

SÜSSE SAUCEN

Vanillesauce & Sabayon

Vanillesauce

a | 6 Eigelbe und 100 g Zucker mit dem Schneebesen leicht mischen und dann kräftiger schlagen.

b | Die Masse vorsichtig cremig rühren. ½ l Milch mit 1 Päckchen Vanillezucker aufkochen lassen.

c | Die heiße Vanillemilch löffelweise zur Eigelbmasse geben und dabei ständig umrühren.

d | Die Creme in einen Topf umfüllen. Vorsichtig unter Rühren erhitzen. Die Sauce darf nicht kochen!

e | Die Vanillesauce so lange erhitzen, bis sie cremig auf dem Kochlöffel liegen bleibt (»zur Rose abziehen«).

f | Die Sauce durch ein feines Sieb gießen. So werden Klümpchen, die eventuell entstanden sind, entfernt.

VANILLESAUCE & SABAYON

Süße Sabayon

a | 6 Eigelbe und 200 g Zucker in einer Schüssel für ein Wasserbad cremig rühren. Auf ein Wasserbad setzen, das gerade nicht kocht. ¼ l Weißwein einrühren.

b | Die Masse mit dem Schneebesen schaumig schlagen, bis sich ihr Volumen verdoppelt hat. Soll die Sauce kalt serviert werden, sie auf einer Schüssel mit Eiswasser kalt schlagen.

SÜSSE SAUCEN

Schokoladen- & Karamellsauce

Schokoladensauce

a | 125 g Zartbitterschokolade reiben. In einem Topf mit ⅛ l kochendem Wasser aufgießen und glatt rühren.

b | 1 TL Vanillezucker und 3 EL Zucker in die Sauce rühren. Die Sauce unter Rühren erwärmen und den Zucker auflösen.

c | ¼ l Milch oder 4 EL Sahne mit 1 gestrichenen EL Speisestärke verquirlen und unterrühren. 5 Minuten köcheln lassen.

d | 1 EL Butter in die Sauce schlagen – so bekommt sie einen schönen Glanz. Die Schokosauce sofort servieren.

SCHOKOLADEN- & KARAMELLSAUCE

Karamellsauce

a | 200 ml Wasser in einer Kasserolle erhitzen. 3 EL Zucker einstreuen und sprudelnd aufkochen lassen.

b | Das Zuckerwasser bei mittlerer Hitze unter Rühren einkochen lassen, bis es etwas braun wird.

c | 200 ml Sahne dazugießen und kurz köcheln lassen. 4 EL Amaretto nach Geschmack dazugeben und die Sauce noch einmal durchrühren.

d | In einer beschichteten Pfanne ohne Fett 2 EL Mandelblättchen unter Rühren goldbraun anrösten und in die fertige Karamellsauce streuen.

Allgemeines
von Dekorationen bis Zuckersirup

ALLGEMEINES

Dekorationen

Gemüse- oder Obst-Blüte

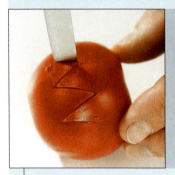  

a | Für eine Tomaten-Blüte eine festfleischige Tomate an der Ober- und Unterseite flach abschneiden. Die Frucht rundum zickzackförmig bis zur Mitte hin einschneiden.

b | Die Haut an den Zacken etwa 2 cm tief einschneiden, es sollte noch etwas Fruchtfleisch daran sein, und vorsichtig etwas nach außen biegen.

c | Geht auch mit Kiwis: Auch hier die äußeren Segmente vorsichtig nach außen biegen. In die Mitte jeder Kiwi-Blüte eine frische Himbeere setzen.

Gemüse- oder Obst-Fächer

a | Für einen Gurkenfächer ein Gurkenstück (3 cm) längs halbieren, Schale einkerben. Die Gurke in Scheiben schneiden, die an einem Ende zusammenhängen.

b | Vorsichtig auffächern und dann jede zweite Gurkenscheibe mit Hilfe eines spitzen Messer zur Mitte hin umbiegen. So bleibt der Fächer in Form.

c | Auf diese Weise kann man auch zartfleischiges Obst wie Pfirsiche in Fächerform bringen. Hier wird die Haut allerdings nicht eingekerbt.

DEKORATIONEN MIT GEMÜSE UND OBST

Dekorationen

Gemüse- oder Obst-Knospe

a | Für eine Tomaten-Knospe eine halbe Tomate auf der runden Seite mit einem kleinen scharfen Messer parallel keilförmig einschneiden.

b | Die Schalen der Seitenflügel 1 mm dick einschneiden und nach außen biegen. Die einzelnen Keile fächerförmig zu einer Spitze verschieben.

c | Diese Technik eignet sich auch für Äpfel. Nach Belieben die Schale vorher quer einschneiden. Die Knospe mit Zitrone beträufeln.

Obst-Kugeln und -Scheiben

a | »Weintraube« aus Honigmelonenkugeln mit einem »Blatt«, das aus einem Stück grünschaligem Apfel geschnitzt wurde.

b | Orangenscheiben-Wellen aus einer eingekerbten unbehandelten Orange, bis zur Mitte eingeschnitten, mit Kiwistückchen garniert.

D | ALLGEMEINES

Dekorationen

mit Saucen: gespritzt (Dosierflasche)

a | Für Dekorationen mit Fruchtsaucen ideal: Dosierflaschen aus Kunststoff, die es im Handel zu kaufen gibt. Die Sauce am besten mit einem Trichter einfüllen.

b | Dann einfach die Spitze des Dosierverschlusses mit der Schere oder einem scharfen Messer abschneiden – aber nur das äußerste Ende, der Strahl wird sonst zu breit.

c | Für zweifarbige Kreise erst rote Kleckse, beispielsweise aus Himbeermark, auf den Teller tropfen. Darauf Kreise in einer anderen Farbe platzieren, z. B. gelbe aus Pfirsichmark.

d | Sahne-Frucht-Dekoration: Mit einer Sterntülle zwei Linien oder einen Kreis aus Sahne spritzen. Mit der Dosierflasche z. B. Himbeermark zwischen die Linien und Kiwimark in den Kreis spritzen.

DEKORATIONEN MIT SAUCEN: GESPRITZT

Dekorationen

mit Saucen: gespritzt (Spritztüte)

a | Für eine Einmal-Spritztüte, ideal für fettreiche Saucen, ein Pergamentpapier-Dreieck zuschneiden, an der langen Seite greifen, eindrehen.

b | Das Dreieck weiter aufrollen, dabei mit der linken Hand die Spitze festhalten. Sie muss vollständig geschlossen bleiben.

c | Am oberen Ende überstehende Papierenden nach innen falten und die Pergamenttüte damit fixieren.

d | Flüssige Schokolade, Schokoladensauce oder Glasur einfüllen und oben die Papierenden einschlagen.

e | Mit einer scharfen Schere die Spitze abschneiden. Die Größe der Öffnung bestimmt die Dicke des Spritzfadens.

f | Schokolade oder Glasur lässt sich mit einer solchen Papierspritztüte in filigranen Linien aufspritzen.

D ALLGEMEINES

Dekorationen

mit Saucen: verzogen (Netz)

a
Für ein Spinnennetz auf einem dunklen Fruchtspiegel – hier ein Himbeerspiegel – mit der Spritztüte (siehe Seite 429) eine gleichmäßige Spirale aus Crème fraîche aufbringen.

b
Mit einem Stäbchen vom Zentrum aus Linien in gleichmäßigem Abstand nach außen ziehen. Nach jedem Zug Stäbchen oder Messer abwischen, so geraten die Linen schön sauber und gleichmäßig.

mit Saucen: verzogen (Ornament)

a
Für ein Fantasie-Ornament auf einen nierenförmigen Klecks – im Bild aus Mangofruchtmark – eine Schlangenlinie aus Crème fraîche spritzen.

b
Ein Stäbchen von oben nach unten einmal durch die Crème fraîche ziehen. So entsteht das Blattmuster. Nach Belieben mit Obststücken garnieren.

ALLGEMEINES

Formen

auskleiden, mit Gelatine (große Form)

a | Für große Terrinen mit Geleehülle aus flüssiger, eventuell gewürzter Gelatine einen wenige Millimeter dicken Spiegel auf Klarsichtfolie gießen und fest werden lassen.

b | Den erstarrten Gelatinespiegel mit der Folie darunter in eine Terrinenform legen. Die Ränder passend schneiden. Mit den Terrinenzutaten auslegen.

FORMEN AUSKLEIDEN

Formen

auskleiden, mit Gelatine (kleine Formen)

a | Für Portionsterrinen die Förmchen mit gelierendem Fond oder mit flüssiger Gelatine füllen.

b | Die Terrinenförmchen dann sofort kurz in ein vorbereitetes Eiswasserbad stellen.

c | Sobald eine 2–3 mm starke Geleeschicht die Wände überzieht, übrige Flüssigkeit wieder ausgießen.

433

ALLGEMEINES

Formen

auskleiden

a
Für eine fruchtige Terrine kann man die Form mit Mangoscheiben auslegen. Mangofruchtfleisch ist so fest, dass man es gut in relativ dünne Scheiben schneiden kann.

b
Salzige Terrinen – seien es leichte Gemüsekreationen oder auch Kombinationen mit Fisch und Meeresfrüchten – bekommen mit blanchierten Mangoldblättern eine attraktive Umhüllung.

c
Auch längs dünn geschnittene Zucchini eignen sich gut als Mantel für eine buntfarbige Gemüseterrine (hier mit Tomaten-Spinat-»Innenleben«).

d
Deftige im Ofen gegarte Terrinen, etwa mit Wildbret, schmecken gut in einer Hülle aus sehr dünn geschnittenem grünem Speck.

FORMEN AUSKLEIDEN – VORBEREITEN

Formen

vorbereiten

a | Das Ausfetten von Formen vor dem Backen ist in fast jedem Fall nötig, damit nichs anhängt (außer bei sehr fettreichen Teigen).

b | Dann etwas Mehl in die gefettete Form sieben und dieses durch Klopfen und Drehen der Form gleichmäßig darin verteilen.

c | Bei süßen Aufläufen und Soufflés kann man die Fettschicht statt mit Mehl auch mit feinem Zucker überziehen.

ALLGEMEINES

Garmethoden

backen

a | Bei diesem Garverfahren werden Gerichte in heißer Luft bei Temperaturen zwischen 150 °C und 220 °C gegart.

b | Backen kann man Teige, Speisen im Teigmantel, Kuchen, Brot und Aufläufe (im Bild ein Kartoffel-Lachs-Auflauf).

GARMETHODEN BACKEN – BRATEN, IN DER PFANNE G

Garmethoden

braten, im Ofen

a | Im Backofen wird vornehmlich großes Gargut (wie hier im Bild ein gefüllter Truthahn, aber auch große Teile von Schlachtfleisch) gebraten.

b | Die Backofentemperaturen liegen zwischen 160 °C und 250 °C. Es kann mit oder ohne Fett gegart werden, in jedem Fall soll eine Bräunung erzielt werden.

braten, in der Pfanne

a | Kleines und/oder flaches Gargut wie Bratlinge, Würstchen, Fleischscheiben, Gemüse usw. kann man in der Pfanne braten.

b | Die Garzeit ist wesentlich kürzer als bei den großen Stücken im Backofen, aber auch hier soll das Gargut gebräunt sein.

ALLGEMEINES

Garmethoden

dampfdruckgaren

a | Zum Garen im Wasserdampf bei Überdruck benötigt man einen speziellen Topf. Er besitzt Siebeinsätze zum gleichzeitigen Garen verschiedener Lebensmittel.

b | Ein zeit- und engergiesparendes Garverfahren, das sich u. a. für Fleisch mit langer Garzeit, Kartoffeln und Gemüse mit kräftiger Zellstruktur eignet.

dämpfen

a | Dämpfen nennt man das Garen in einem Wasserdampf-Luft-Gemisch bei Temperaturen um die 100 °C. Erhält Form, Farbe und Nährstoffe von Lebensmitteln optimal.

b | Man kann das Gargut direkt in das nur wenige Millimeter hoch stehende Wasser auf den Topfboden geben oder es in einem Siebeinsatz garen.

G ALLGEMEINES

Garmethoden

dünsten

a | Gedünstet werden insbesondere wasserreiche Lebensmittel wie Gemüse, Fisch, zartes Fleisch und Obst – ein sehr schonendes Garverfahren.

b | Dabei wird in wenig Flüssigkeit, meist auch mit ein wenig Fett gegart. Eine Sonderform ist das Schmoren, bei dem das Gargut erst angebraten wird.

GARMETHODEN DÜNSTEN – FRITTIEREN

Garmethoden

frittieren: große Teile

a
Paniertes Geflügel (im Bild Hähnchenteile) frittieren. Wichtig ist die Fettmenge, in der gegart wird: Die Teile sollen im Fett schwimmen, damit die Hitze gleichmäßig eindringen kann.

b
Hähnchenteile benötigen etwa 15 Minuten in 170 °C heißem Fett. Dabei portionsweise frittieren, sonst kühlt sich das Fett beim Hineingeben zu stark ab.

frittieren: kleinere Stücke

a
Kleinteiliges Frittiergut (im Bild in Teig gehülltes Hähnchenfleisch) benötigt zum Garen im heißen Fett nur wenige Minuten (Gemüsestückchen sogar weniger als 1 Minute).

b
Das Frittiergut sofort herausheben, wenn es außen hell- bis goldbraun ist. Vor dem Servieren auf Küchenpapier entfetten.

ALLGEMEINES

Garmethoden

grillen

a
Ob über Holzkohle oder unter dem Elektrogrill (Step b) zubereitet, gegart und gebräunt wird das Gargut in beiden Fällen durch starke Strahlungshitze von um die 250 °C.

b
Diese Garmethode eignet sich für nicht zu mageres Fleisch und Fisch. Man kann kräftig würzen, es bildet sich eine schöne Kruste aus, unter der Saft, Aroma und Nährstoffe bewahrt bleiben.

pochieren

a
Pochieren oder Garziehen nennt man das Garen in Flüssigkeit (Wasser, Sud) bei Temperaturen unterhalb des Siedepunkts.

b
Dieses schonende Verfahren eignet sich für Gargut, das leicht zerfällt (Klöße, Fischfleisch) oder leicht platzt (Würstchen).

Garmethoden

Wasserbad

a | In einem etwa 80 °C heißen Wasserbad in hitzefesten Gefäßen (in einem Topf oder im Backofen) gart man beispielsweise Eierstich, Eiercremes, Füllungen.

b | Diese Massen sollen lediglich stocken, ohne zu bräunen, wie hier im Beispiel die Flans (oben aus Karotten, unten im großen Bild aus Erbsen).

ALLGEMEINES

Geliermittel

Agar-Agar verwenden

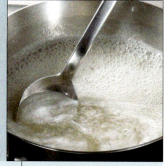

a | Mengenangaben auf der Packung genau einhalten. 1 mittlerer gestrichener TL Agar-Agar wiegt etwa 3 g. Oder mit Messlöffel bzw. Diätwaage abmessen.

b | Agar-Agar wird in die kalte Flüssigkeit eingerührt, die anschließend einmal aufgekocht wird. Achtung: Säure und Fett beeinträchtigen die Bindefähigkeit.

c | Daher am besten eine Gelierprobe machen (siehe Seite 109, Step e, f) und die Menge von Flüssigkeit oder Bindemittel gegebenenfalls korrigieren.

GELIERMITTEL AGAR-AGAR VERWENDEN – GELATINE VORBEREITEN   G

Geliermittel

Gelatine vorbereiten

a
Gelatine gibt es in Blattform und gemahlen und beide Sorten sowohl farblos als auch – für rote Geleeüberzüge – von roter Farbe.

b
Gemahlene Gelatine lässt man vor dem Einrühren in die heiße Flüssigkeit bzw. vor dem separaten Erhitzen (falls eine Kaltspeise gebunden werden soll) mit wenig Wasser quellen.

c
Blattgelatine wird vor der Verwendung in Wasser eingeweicht. Die zunächst sehr harten, spröden Blätter quellen darin innerhalb von 5–10 Minuten auf und werden sehr weich.

d
Die gequollenen Gelatineblätter ausdrücken, bevor man sie separat in einem Topf unter Erwärmen auflöst bzw. bevor sie einer heißen Flüssigkeit zugegeben und darin aufgelöst werden.

ALLGEMEINES

Geliermittel

Panna-cotta-Grundrezept

1 Für 6 Portionen 4 Blatt weiße Gelatine in kaltem Wasser einweichen. 500 ml Sahne in einen Topf gießen. 1 Vanilleschote längs aufschlitzen und das Mark herauskratzen. Vanilllemark und -schote zur Sahne geben, 2 EL Zucker unterrühren, aufkochen und etwa 15 Minuten bei schwacher Hitze köcheln.

2 Den Topf vom Herd nehmen, die Vanilleschote entfernen. Gelatine ausdrücken, in der Sahne unter Rühren auflösen (siehe Step a).

3 Die Sahnemischung in sechs mit kaltem Wasser ausgespülte Portionsförmchen füllen, in etwa 4 Stunden im Kühlschrank fest werden lassen.

4 Die Panna cotta am Rand der Förmchen mit einer Messerspitze lösen. Förmchen kurz in kochendes Wasser tauchen, dann die Panna cotta auf jeweils einen Dessertteller stürzen. Mit Karamellsirup (Zubereitung siehe rechts) umgießen, nach Belieben mit Früchten garnieren.

Gelatine auflösen

a Für Panna cotta und andere gekochte Geleezubereitungen die gequollene Blattgelatine in die heiße Flüssigkeit einrühren und darin vollständig auflösen.

b Zum Binden von kalten Massen (etwa Sahnemassen, Fruchtpürees), die gequollene Gelatine (unausgedrückt) in einem Töpfchen auflösen.

GELIERMITTEL PANNA COTTA – **KARAMELLSIRUP** HERSTELLEN

Karamellsirup

herstellen

a | 200 g Zucker und ⅛ l Wasser in einen Topf geben und rasch aufkochen, ohne dabei zu rühren. Kochen, bis ...

b | ... der Sirup am Topfrand bernsteinfarben ist. Dabei den Topf nur schwenken, nicht rühren, sonst kristallisiert der Zucker aus.

c | Hitze reduzieren und den Sirup bis zur gewünschten Farbe, spätestens aber bis er zu rauchen beginnt, karamellisieren lassen.

d | Dann den Topf sofort in eine Schüssel mit kaltem Wasser tauchen und damit den Bräunungsvorgang unterbrechen.

ALLGEMEINES

Kochgeschirr

zum Kochen, Braten, Backen

a
Sowohl Töpfe als auch Pfannen sollten in mehreren Größen vorhanden sein. Praktisch sind auch Stielkasserollen, in denen Gemüse sautiert und Fonds eingekocht werden.

b
Auch Schüsseln – möglichst aus Edelstahl – sowie Schneekessel, ein Sieb zum Abtropfen und Abgießen von Nudeln gehören zur Grundausstattung

c
Für Nudeln und Klöße können Töpfe gar nicht groß genug sein. Und ein Wok – flach oder tief – eignet sich für viele Zubereitungen. Er kann, statt wie hier aus Edelstahl, auch aus Gusseisen sein.

d
Beim Backgeschirr ist die Formenpalette schier unerschöpflich: Es gibt Formen für Savarins, figürliche Gebäcke, Madeleines und – die mit gewelltem Rand – für Obstkuchen. Nicht fehlen sollte auch eine Springform.

KOCHGESCHIRR – KOCHWERKZEUGE

Kochwerkzeuge

zum Seihen, Sieben

a | Geräte zum Ab- und Durchsieben: links ein fein- und ein grobmaschiges Sieb (zum Abgießen, Passieren, Bestäuben), rechts ein Stößel zum Durchdrücken von gekochtem Obst und Gemüse.

b | Geräte zum Ab- und Durchseihen: rechts ein Stand-Seiher (für Salat, Obst, Gemüse), unten ein Durchschlag mit Stiel (zum Abtropfen von Teigwaren, Gemüse), darüber ein Spitzsieb zum Abpassieren.

zum Rühren, Schöpfen, Wenden

a | Unten verschiedene Formen von Metall-Kochlöffeln für verschiedene Kochgeschirrformen, darüber eine Auswahl an Rühr- und Schlagbesen.

b | Schaumlöffel und Schöpflöffel sowie Pfannenwender mit und ohne Löcher; häufig gebrauchte Utensilien, die daher zur Grundausstattung gehören.

449

KOCHWERKZEUGE ZUM SCHNEIDEN   K

Kochwerkzeuge

zum Schneiden

a | Von oben: Kochmesser (zum Schneiden, Hacken, Wiegen), Universalmesser, Universalmesser mit Wellenschliff

b | Von oben: Universal-Küchenschere, Gemüsemesser (mit elastischer Klinge), Tourniermesser

c | Von oben: Schinkenmesser (extra lange Klinge), Filiermesser (elastische Klinge), Ausbeinmesser (geschwungene Schneide für gute Kraftübertragung)

d | Von oben: Fleischmesser (zum Schneiden, Aufschneiden, Tranchieren), Steakmesser (geschwungene Schneide für gute Kraftübertragung), Spickmesser

ALLGEMEINES

Kochwerkzeuge

zum Schneiden: Spezialwerkzeuge

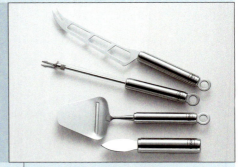

a | Zum Schneiden von Dekorationen; von oben: Buntschneidemesser, Dekoriermesser, Faden- bzw. Julienneschneider und Ziseliermesser

b | Zum Schneiden von Käse; von oben: Käsemesser, Drahtkäseschneider (für verschiedene Scheibenstärken), Käsehobel für Hartkäse, Parmesanbrecher

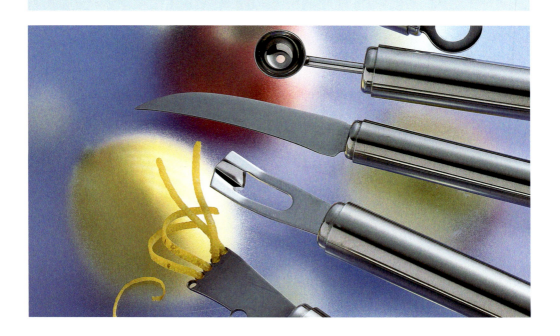

KOCHWERKZEUGE SCHNEIDEN SPEZIAL – **MEHLIEREN**

Mehlieren

Gemüse, Fisch und Fleisch

a
Feuchtes Gemüse, hier (gesalzene) Zucchinischeiben, vor dem Braten oder Frittieren mit Mehl bestäuben, dann spritzt es nicht.

b
Auch Innereien kann man vor dem Braten leicht bemehlen, das macht die Oberfläche trockener, und verhindert übermäßigen Saftaustritt.

c
Dünn geschnittenes Muskelfleisch – hier kleine Schnitzel – bleibt mit der dünnen Mehlauflage sehr saftig. Das Mehl allerdings immer erst kurz vor dem Braten aufbringen.

d
Frittiergut, wie hier die kleinen Fischlein, wird einerseits von der dünne Mehlschicht schützend umhüllt, zum anderen sorgt die Mehlhülle für eine besonders knusprige dünne Kruste.

ALLGEMEINES

Mixen

verschiedene Methoden

a | Mit einem leistungsstarken Pürierstab kann man alle Arten von Flüssigkeiten, ggf. auch mit festeren Bestandteilen feinst und sämig mixen.

b | Der Standmixer eignet sich für große Mengen an zu mixenden Zutaten und ist ideal, wenn schwer zu zerkleinernde festere Zutaten mitenthalten sind.

c | Wer auf elektrische Hilfsmittel verzichten möchte, nimmt – insbesondere zum Mixen von Salatdressings – einen Schüttelbecher.

d | Aber auch mit dem Schneebesen lassen sich Flüssigkeiten gut mischen, bzw. zu einer feinen Emulsion verarbeiten.

MIXEN VERSCHIEDENE METHODEN – **PANIEREN** MIT MEHL UND EI

Panieren

mit Mehl und Ei

a | Mehl auf einen Teller sieben, zarte mit Salz und Pfeffer gewürzte Kalbsschnitzelchen von beiden Seiten damit überziehen.

b | Die Schnitzelchen anschießend durch eine Mischung aus 3 Eiern, 2 EL Olivenöl und 60 g geriebenem Parmesan ziehen.

455

ALLGEMEINES

Panieren

mit Mehl, Ei und Bröseln: Fisch

a | Rotaugenfilets in kleinen Abständen quer tief einschneiden. So sind die Gräten beim Essen nicht mehr zu spüren.

b | Die Filets würzen, in Mehl, dann in verquirltem Ei wenden. In einem dritten Teller Semmelbrösel mit gehobelten Mandeln mischen.

c | Die Filets auch in der Brösel-Mandel-Mischung wenden. Die Panierung vor dem Ausbacken in heißem Fett gut andrücken.

mit Mehl, Ei und Bröseln: Hähnchen

a | Für klassisches Wiener Backhähnchen die gewürzten Hähnchenteile in Mehl, dann in verquirltem Ei, ...

b | ... dann in Semmelbröseln wenden. Brösel fest andrücken, die Hähnchenteile in Frittierfett portionsweise ...

c | ... bei 180 °C in 12 bis 15 Minuten kross ausbacken. Mit Zitrone und Petersilie garniert servieren.

PANIEREN MIT MEHL, EI UND BRÖSELN – **PANIERUNG** MIT KRÄUTERN

Panierung

Gemüsepanierung

a | Etwa 250 g Suppengrün (Lauch, Sellerie, Möhre) waschen, putzen und sehr fein würfeln (Brunoise).

b | Die Gemüsewürfelchen in Salzwasser 1 Minute sprudelnd kochen, dann in Eiswasser abschrecken.

c | Das Gemüse trockentupfen, mit gehacktem Kerbel mischen, wie Brösel zum Panieren verwenden.

Kräuterpanierung

a | 200 g trockenes zerkrümeltes Weißbrot und etwa 60 g Kräuter (Petersilie, Basilikum, Dill, Estragon) in den Mixer geben.

b | Diese Zutaten im Mixer zu grobem grünem Paniermehl verarbeiten und auf einen flachen Teller geben.

c | Die aromatische grüne Panade eignet sich als Hülle für weißfleischiges, vorher in Mehl und Ei gewendetes Fischfilet.

457

ALLGEMEINES

Pudding

herstellen

a | Ein Pudding besteht aus einem Getreidebrei, dem Ei oder Eischnee untergezogen wird und der dann in einer speziellen Form im heißen Backofen im Wasserbad stockt.

b | Anschließend wird der kompakte Pudding aus der Form (diese vorher fetten) auf Servierteller gestürzt und nach Belieben garniert und dekoriert.

PUDDING HERSTELLEN – SCHOKOLADENPUDDING-GRUNDREZEPT

Pudding

Schokoladenpudding zubereiten

1 Eine Puddingform und den Deckel mit weicher Butter ausstreichen, mit Zucker ausstreuen.

2 100 g bittere Schokolade in Stücke brechen, in einer Schüssel im nicht zu heißen Wasserbad auflösen. Je 50 g geschälte gemahlene Mandeln und Haselnüsse sowie feine Semmelbrösel vermischen.

3 6 Eiweiße mit 1 Prise Salz steif schlagen, dabei unter ständigem Schlagen langsam 50 g Zucker einrieseln lassen. Die geschmolzene Schokolade mit 6 Eigelben, dem Mark von ½ Vanilleschote, ¼ TL Zimtpulver und 50 g Zucker schaumig rühren. Etwa ein Viertel des Eischnees mit einem Kochlöffel vorsichtig unter die Eigelb-Schokolade-Masse heben.

4 Dann den übrigem Eischnee und die Mandel-Nuss-Brösel-Mischung zur Masse geben, beides mit dem Kochlöffel vorsichtig unterziehen.

Weiterverfahren wie in den Steps unten gezeigt und beschrieben.

5 Den Pudding bei 170 °C im vorgeheizten Ofen 40–45 Minuten garen. Das Wasser soll gerade unter dem Siedepunkt gehalten werden. Mit einem Holzstäbchen prüfen, ob der Pudding gar ist – wenn es sich herausziehen lässt, ohne dass noch Schokomasse an ihm haftet, ist er fertig.

6 Den Pudding aus dem Ofen nehmen, in der Form abkühlen lassen, dann auf eine Platte stürzen. Dazu passt Obstkompott und Sahne.

a
Die Schokoladenmasse in die vorbereitete Form füllen und diese schließen.

b
Die Form in ein Wasserbad stellen – der Wasserspiegel sollte bis etwa 2 cm unter den Rand reichen.

459

PÜRIEREN VERSCHIEDENE METHODEN P

Pürieren

verschiedene Methoden

a | Grobe oder grobsturkturierte Lebensmittel wie z. B. Möhrenstücke in Brühe (siehe Bild) kann man gut mit einem leistungsstarken Stabmixer pürieren.

b | Lebensmittel mit eher weicherer Konsistenz (im Bild Tomatenfruchtfleisch) lassen sich pürieren, indem man sie durch ein feines Sieb drückt.

c | Wenn es eher mittelfein, aber dennoch homogen vermischt sein soll, ist der Mörser das Gerät der Wahl. Im Bild wird Pesto, Basilikumpaste in Öl, gemischt.

d | Ebenso gründlich wie im Mörser lässt sich mit einem elekrischen Mixer arbeiten. Im Bild Spinatblätter, die mit wenig Wasser püriert werden.

R | ALLGEMEINES

Räuchern

im Wok

a | Den Wok mit Alufolie auslegen und das Räuchermehl darauf gleichmäßig etwa 2 cm hoch verteilen.

b | Ein rundes Gitter in den Wok einlegen, mit einem in Form geschnittenen Stück Alufolie bedecken.

c | Die Folie etwas andrücken, festhalten und mit einer Fleischgabel mehrmals vorsichtig einstechen.

d | Das Räuchergut – hier Entenbrüste – einlegen, den Wokdeckel auflegen und die Hitzequelle einschalten.

e | Die Stücke der Zeitangabe des Rezepts entsprechend räuchern; Entenbrüste sind in 30–35 Minuten fertig.

RÄUCHERN IM WOK   R

Räuchern

Gemüsewok mit Räucherente

1 Von 2 ausgelösten Entenbrüsten (je 300 g) die Haut rautenförmig einschneiden. Das Fleisch salzen und pfeffern, dann räuchern wie auf Seite 462 beschrieben.

2 Etwas Öl im Wok erhitzen und das quer in 3 mm dicke Scheiben geschnittene Entenfleisch darin portionsweise unter Rühren kross braten. Herausnehmen.

3 Ingwer, Chilis, Frühlingszwiebeln und Knoblauch – alles klein geschnitten – im Wok 1 Minute pfannenrühren. Maiskölbchen 4 Minuten, dann Pilze nach Belieben 1 Minute mitbraten. Mit Soja- und Bohnensauce, Reiswein und Geflügelfond ablöschen.

4 Das Fleisch einlegen und 1 Minute mitköcheln lassen. Mit den Saucen und evtl. etwas Zucker abschmecken.

Terrine von Räucherforelle

1 1 küchenfertige Lachsforelle von etwa 500 g salzen und pfeffern, 30–40 Minuten im Wok räuchern, wie auf Seite 462 gezeigt.

2 Den Fisch häuten, filetieren (Seite 166/167). Das Filet (ca. 250 g) grob zerkleinern, mit 1 Ei, 1 EL Zitronensaft und 1 EL Stärke im Mixer pürieren, salzen und pfeffern. Die Masse 1 Stunde in den Kühlschrank stellen.

3 200 g Crème fraîche und 1 EL gehackten Dill mit der Fischfarce im Mixer aufschlagen, die Masse würzen. Eine Terinnenform fetten. Die Masse einfüllen, glatt streichen und die Form verschließen.

4 Die Terrine in einem 80 °C heißen Wasserbad bei 180 °C im vorgeheizten Ofen 40–45 Minuten garen, vor dem Aufschneiden kalt stellen.

Räuchern gestern und heute

Der beim Verglimmen von Hartholzspänen entstehende **Rauch** trocknet die Oberfläche des Räucherguts (vor allem **Fleisch** und Fleischwaren sowie **Fisch**) und schafft damit eine für Verderbnis erregende Bakterien feindliche Umgebung.

Der Rauch enthält darüber hinaus **konservierende** Stoffe, die Bakterien töten. Er verleiht dem Räuchergut außerdem ein ganz charakteristisches **Aroma**.

Und nicht zuletzt trägt der Räucher-Rauch wesentlich zur appetitlich goldgelben bis goldbraunen **Farbe** des geräucherten Lebensmittels bei.

Während **früher** das Räuchern hauptsächlich der **Konservierung** diente, will man heute mit diesem Verfahren in erster Linie den **Geschmack** verbessern.

463

ALLGEMEINES

Wok

braten im Wok: pfannenrühren

a
Öl in den erhitzten Wok geben und durch rasches Schwenken verteilen.

b
Fein gehackten Knoblauch unter Rühren darin leicht Farbe annehmen lassen.

c
In schmale Streifen geschnittenen Ingwer oder Galgant kurz mitbraten.

d
In feine Streifen geschnittenes Fleisch 2–3 Minuten unter Rühren braten.

WOK BRATEN IM WOK: PFANNENRÜHREN

e
Kurz bevor das Fleisch Farbe annimmt, den Wok-Inhalt mit etwa 3 EL Shaoxing-Wein ablöschen.

f
In gleichmäßige Streifen geschnittenes Gemüse dazugeben und 3–4 Minuten pfannenrühren.

g
Saucenzutaten verrühren, esslöffelweise in den Wok geben und alles gut durchmischen.

h
Fein geschnittene Chiliringe mit den übrigen Zutaten verrühren und 1 Minute köcheln lassen.

ALLGEMEINES

Wok

dämpfen im Wok

a | Eine hitzefeste Unterlage in den Wok stellen (Tasse, kleine Schüssel, kleiner Dämpfkorb). Den Wok zu einem Drittel mit Wasser füllen.

b | Eine Porzellanplatte mit den Zutaten auf die Unterlage stellen, den Deckel aufsetzen und die Hitzequelle einschalten.

c | Nach der Hälfte der Garzeit die Zutaten mit den Würzsaucen beträufeln und im geschlossenen Wok fertigdämpfen.

pflegen des Woks

a | Vor dem Gebrauch den Wok erhitzen, Öl hineingeben und die Pfanne mit Hilfe von Küchenpapier komplett ausreiben.

b | Nach dem Gebrauch etwas heißes Wasser in den Wok gießen und ihn dann mit Hilfe eines Bambusbesen gründlich säubern.

W ALLGEMEINES

Würste

garen

a
Damit die Würstchen in der Garhitze (beim Braten oder Grillen) nicht aufplatzen, die Haut mit einem Holzspießchen mehrmals anstechen.

b
Bratwürste müssen in der Pfanne häufig gewendet werden, so dass sie schließlich von allen Seiten gleichmäßig gebräunt sind.

c
Würste mit rohem Brät brauchen auf dem Grill etwa 10 Minuten – hier sollte man wegen des abtropfenden Fetts entweder auf das Anstechen verzichten oder eine Grillschale verwenden (Bild).

d
Brühwürste im Naturdarm lässt man in lediglich heißem, nicht kochendem Wasser bei Temperaturen um 80–90 °C gar ziehen.

WÜRSTE GAREN – **ZUCKERSIRUP** HERSTELLEN   **Z**

Zuckersirup

herstellen

a | Für etwa 1,2 l Sirup 500 g Zucker und 1 l Wasser zum Kochen bringen.

b | Zucker auflösen und noch mindestens 1 Minute köcheln, bis der Sirup klar ist.

c | Mit einem nassen Pinsel Zuckerkristalle vom Topfrand abwischen.

Register

Register der Verwendungsbeispiele

A

Äpfel: Apfelmus 77
Austern
  Austernsalat mit Spinat 189
  Gratinierte Austern 189

B

Béchamelsauce: Sauce Mornay 387
Butter: Würzbutter 125

C

Calzone zubereiten 287
Cannelloni füllen und backen 289

E

Eier
  Eiscreme 128
  Omelett 132
  Rührei mit Käse 134
  Spiegeleier 135
Eigelb: Pfirsichparfait 138

G

Geflügel braten, im Ofen 252
Geliermittel: Panna cotta 446
Gemüsefond verwenden 376
Gewürzmischungen
  Chat masala 352
  Garam masala 352
  Gelbe Currypaste 350
  Rote Currypaste 350
Grieß: Grießnockerlsuppe 293

H

Hackfleisch: Frikadellen 229
Hähnchen: Suppenhuhn 260
Himbeeren: Sirup 88
Hirschrücken: Gebratener Hirsch-
  rücken 268

J

Jakobsmuscheln: Gratinierte Jakobsmuscheln 197
Johannisbeeren: Gelee 91

K

Karambole vor- und zubereiten 93
Kartoffeln
  Bratkartoffeln aus rohen
  Kartoffeln 34
  Kartoffelpüree 37
Kohl: Kohlrouladen 38
Kräuteressig 361
Kräuteröl 361
Kräutersauce: Estragonsauce 413
Kräutersträußchen
  Bouquet garni für Fisch 362
  Bouquet garni für Fleisch 362
  Bouquet garni für Geflügel 362

L

Lachs: Graved Lachs 174
Lamm
  Lammkotelett mit Kräutern 231
  Zitronen-Lammkoteletts 231
Languste: Gratinierte Languste 200

M

Mais
  Kolben zubereiten 43
  Körner vom Kolben schneiden 43
  Popcorn 43
Meerrettich: Meerrettichsauce 364
Morcheln: Gemüseragout mit
  Morcheln 45
Muscheln dämpfen 206

N

Nudelteig
  Rote-Bete-Nudeln 307
  Safrannudeln 307
  Schwarze Nudeln 307

O

Ochsenschwanz: Klare Ochsenschwanzsuppe 234
Oliven: Olivenpaste 367

P

Paprikaschoten: Gefüllte Paprika-
  schoten 47
Pfannkuchen: Pfannkuchen-
  suppe 313
Pflaumen: Mus 112
Pudding: Schokoladenpudding 459

R

Räuchern
  Gemüsewok mit Räucherente 463
  Terrine von Räucherforelle 463
Ravioli: Grundrezept 321
Reis: Milchreis - vom Herd und aus
  dem Ofen 328
Rinderfilet: Carpaccio 217
Rinderrouladen: Rouladen 236
Rotkohl: Rotkohlgemüse 56

S

Sauce hollandaise:
  Sauce Mousseline 387
Semmelknödel
  Variante Brezenknödel 335
  Variante Quarkknödel 335
Spareribs 241
Spargel, grüner: Spargelrisotto 61

T

Trüffeln zum Veredeln von
  Gerichten 69

V

Vanilleschote: Vanillezucker 372

W

Wild-Medaillons: Medaillons vom
  Reh 282

Z

Zwetschen: Kompott 121
Zwiebeln glasieren 70

SACHREGISTER A–B

Sachregister

halbfett gesetzte Seitenzahl:
auf dieser Seite finden Sie ausführlichere Informationen zum Begriff

kursiv gesetzter Begriff:
Verwendungsbeispiel bzw. Saucengrundrezept

A

Aal
– abziehen 154 ff.
– entschleimen 155
Aïoli 393
Ananas
– schälen 76
Schiffchen schneiden 76
Äpfel
– schälen und vorbereiten 78
– trocknen 79
Apfelkompott 105
Apfelmeerrettich 394
Apfelmus 77
Gemüse- oder Obst-Knospe 427
Artischocken
– große, zum Füllen vorbereiten 10
– junge, im Ganzen zubereiten 11
Böden zubereiten 8
Auberginen
– zum Braten vorbereiten 12
– zum Füllen vorbereiten 13
aushöhlen
Auberginen 13
Kürbis 41
Melone 102
Paprikaschoten 47
Zucchini 70
auslösen
Avocado 15
Garnelen 190, 193
Hähnchenbrust 262 ff.
Hummerfleisch 194
Jackfrucht 89
Kaninchenrücken 272
Kiwi 95
Langustenfleisch 201
Mango 101
Muscheln 205
Rehrücken 276
Scampi 209
Schnecken 210
Taschenkrebs 211
Wildkeule 280

ausnehmen
Fisch, durch den Bauch 156
Fisch, durch den Rücken 157
Fisch, durch die Kiemen 158
Geflügel 251
Austern **189**
– öffnen 188
Austernsalat mit Spinat 189
Gratinierte Austern 189
Austernpilze vorbereiten 14
Avocado
– vorbereiten 15
Guacamole 398

B

Backerbsen herstellen 286
Basilikum 361
Klassisches Pesto 396
Béchamelsauce **387**
beizen: Fisch 174
Berbere 351
Birne
– fächern 80
– füllen 80
Rotweinbirnen 105
Blauschimmelkäse 146
Blumenkohl zerteilen 16
Bohnen, Dicke, häuten 23
Bohnen, getrocknete 32, **33**
Bohnen, grüne, putzen 17
Bouquet garni
– *für Fisch* 362
– *für Fleisch* 362
– *für Geflügel* 362
Bratkartoffeln aus rohen Kartoffeln 34
Brezenknödel 335
Bries vor- und zubereiten 216
Brokkoli vorbereiten 18
Brokkolisauce 391
Brot, für Knödelteig **335**
Butter
– klären 124
– teilen 124
Würzbutter herstellen 125

REGISTER

C

Cajun-Gewürzmischung 350
Calzone 287
Cannelloni 289
Cardy vor- und zubereiten 19
Carpaccio 217
Chat masala 352
Chateaubriand
 – schneiden 235
 – *zubereiten* 219
Chayote vorbereiten 20
Chicorée
 – schmoren 21
 – vorbereiten 21
Chilischoten
 – frische, vorbereiten 346
 – getrocknete, vorbereiten 347
Chinakohl vorbereiten und
 schneiden 22
Corail 196, 200
Cumberlandsauce 415
Currybutter 125
Currypulver 351
 – indische **352**
Currysauce 410

D

Datteln füllen 81
Dekorationen
 – mit Saucen, gespritzt
  (Dosierflasche) 428
 – mit Saucen, gespritzt
  (Spritztüte) 429
 – mit Saucen, verzogen
  (Netz) 430
 – mit Saucen, verzogen
  (Ornament) 430
 – Obst-Kugeln und
  -Scheiben 427
 Gemüse- oder Obst-Blüte 426
 Gemüse- oder Obst-Fächer 426
 Gemüse- oder Obst-
  Knospe 427
Dicke Bohnen häuten 23
Dill 361
Dillsauce 412

dressieren
 Ente 246
 Hähnchen 256
Dressings
 Eier-Kräuter-Sauce 403
 Joghurt-Dressing 402
 Thousand-Islands-Dressing 403

E

Edelkastanien **94**
Eier
 – kochen 130 ff.
 – pochieren 133
 – trennen 136
 Eier-Kräuter-Sauce 403
 Eierstich 126
 Eiscreme 128
 Eisgrundmasse herstellen 128
 Frischetest 130
 Gargrade 131
 Omelett herstellen 132
 Rührei mit Käse 134
 Rührei zubereiten 134
 Spiegelei zubereiten 135
Eigelb
 Mayonnaise 392
 mit Eigelb legieren 137
 Parfaitmasse herstellen 138
 Pfirsichparfait 138
 Remouladensauce 392
einfrieren
 Fisch 169
 Himbeeren 87
 Kalbsfond 380
 Kräuter 357
Eiscreme 128, 138
Eissalat 57
Eiweiß: Eischnee schlagen 139
Emmentaler 142
Endiviensalat 57
Ente
 – füllen und dressieren 246
 Entenbrust vor- und
  zubereiten 248
 Gemüsewok mit Räucherente 463
entkernen
 Granatapfel 84

Hagebutten 85
 Oliven 366
 Papaya 110
 Pfirsiche 111
 Quitten 114
 Weintrauben 118
Erbsen, getrocknete 32, **33**
Erbsen, grüne, palen 24
Erdbeeren vorbereiten 82
Erdnussdip 399
Estragon 361
 Estragonsauce 413

F

Farfalle 301, 302
Feigen schälen, zerteilen 83
Feldsalat vorbereiten 25
Fenchelgrün 361
Fenchelknollen vorbereiten 26
Fettuccine 300
filetieren
 Fisch 160
 gegarten Rundfisch 166
 große Plattfische 176
 Lachs 172
 Rochenflügel 182
 Sardellen 183
 Seezunge 184
 Zitrusfrüchte 119
Filets mignons 235
Fisch im Salzmantel 162
Fisch in Bratfolie 164
Fisch
 – ausnehmen, durch den Bauch 156
 – ausnehmen, durch den Rücken
  157
 – ausnehmen, durch die Kiemen 158
 – filetieren 160
 – garen, im Salzmantel 162
 – garen, in Alufolie 164
 – garen, in Bratfolie 164
 – garen, in Papier 165
 – gegarten Rundfisch vorlegen 166
 – glacieren 169
 – panieren 168
Fischfond 378
Frischetest 159

472

SACHREGISTER C-G

Fleisch
– bardieren, mit Speck-
scheiben 218
– braten, im Wok 220
– braten, in der Bratfolie 221
– braten, in der Pfanne 219
– marinieren 223
– parieren 224
– schneiden 225
– spicken, mit Knoblauch 226
– spicken, mit Speck 226
– zusammennähen 227
Garprobe 222
Fleischthermometer 279
Fontina 143
Forelle 156
– rund binden 170
Terrine von Räucherforelle 463
Formen
– auskleiden 434
– auskleiden, mit Gelatine
(große) 432
– auskleiden, mit Gelatine
(kleine) 433
– vorbereiten 435
Frikadellen 229
Frische Tomatensauce 407
Frischetest
– für Eier 130
– für Fisch 159
Frischkäse selbst zubereiten 140
Frühlingszwiebeln putzen und
schneiden 27
füllen
Birnen 80
Calzone 287
Cannelloni 289
Datteln 80
Ente 246
Geflügel 253 ff.
Kartoffelklöße 294
Kürbis 41
Rinderrouladen 236
Fusilli 303
Futo-Maki-Sushi 340

G

Gans
– tranchieren 249
Gans im Ofen gebraten 252
Garam masala 352
Gargrade
– von Eiern 131
– von Steaks 243
– von Wildkeule 279
Garmethoden
Backen 436
Braten, im Ofen 437
Braten, in der Pfanne 437
Dampfdruckgaren 438
Dämpfen 438
Dünsten 440
Frittieren, große Teile 441
Frittieren, kleinere Stücke 441
Grillen 442
Pochieren 442
Wasserbad 443
Garnelen
– gegarte, auslösen 193
– in Schmetterlingsform
schneiden 191
– rohe, auslösen 190
Garprobe, bei Fleisch 222
Gebratener Hirschrücken 268
Geflügel **252**
– auftauen 250
– ausnehmen, küchenfertig
vorbereiten 251
– braten, im Ofen 252
– en crapeaudine 253
– füllen, einfache Art 253
– füllen, nach dem
Entbeinen 254
– füllen, unter der Haut 255
Geflügelfond 384, 385
Gefüllte Paprikaschoten 47
Gelbe Currypaste 350
Geliermittel
Agar-Agar verwenden 444
Gelatine auflösen 446
Gelatine vorbereiten 445
Panna-cotta 446
Gelierprobe 109

Gemüse
– tournieren 29
Chiffonade schneiden 28
Julienne schneiden 28
Stücke und Scheiben schneiden 29
Gemüsefond **376,** 377
Gemüsepanierung 457
Gemüse-Püree-Sauce 391
Gemüseragout mit Morcheln 45
Gemüsewok mit Räucherente 463
Getreidekörner 65
Gewürze
– rösten 351
– zerkleinern 349
Gewürzmischungen, trockene **351**
Chat masala 352
Garam masala 352
Gelbe Currypaste 350
Rote Currypaste 350
Gewürzmischungen:
Pasten **350**
Glasierte Zwiebeln 71
Glattbutt 179
Gnocchi 290
– herstellen 290
– zubereiten (Gnocchetti) 291
Gorgonzolasauce 408
Gouda 142
Grana Padano 146
Granatapfel
– auspressen 84
Kerne auslösen 84
Grapefruitsauce 419
Gratinierte Austern 189
Gratinierte Jakobsmuscheln 197
Gratinierte Languste 200
Graved Lachs 174
Grieß kochen 292
Grießbrei 292
Grießnockerlsuppe 293
Grüne Sauce 400
Grünkohl vorbereiten 30
Gurke
– hobeln und schälen 31
Gemüse- oder Obst-Fächer 426
Tzatziki 401

REGISTER

H
Hackfleisch
– durchdrehen 228
Frikadellen zubereiten 229
Hackfleischsauce 404
Hagebutten entkernen 85
Hähnchen
– dressieren, mit dem Faden 256
– rohes, zerlegen 259
Hühnerbrühe zubereiten 257
Suppenhuhn garen 260
Suppenhuhn zerlegen 261
Hähnchenbrust
– auslösen, Filet 262
– auslösen, mit Flügelknochen 263
– auslösen, zusammen-
hängend 264
Hasen zerwirken 266
Haselnüsse rösten und
häuten 86
Haselnusseis 128
Hasenrücken spicken 267
häuten
Aal 154 ff.
Dicke Bohnen 23
Haselnüsse 86
Mandeln 99
Oktopus 208
Paprikaschoten 48
Pfirsiche 111
Tomaten 67
Topinambur 68
Weintrauben 118
Zwiebeln 73
Hecht in Alufolie 164
Himbeeren
– einfrieren 87
Himbeersauce 418
Himbeersirup 88
Himbeersorbet 116
Hirschrücken
– anbraten 268
– tranchieren 269
Gebratener Hirschrücken 268
Honigmelone, in Kugeln und
Scheiben 427
Hühnerbrühe 257, 385

Hülsenfrüchte **33**
Bohnen einweichen 32
Erbsen, Linsen, Kichererbsen
zubereiten 32
Hummer, gekochter
– zerlegen 195
Schwanzfleisch auslösen 194

I
Ingwer vorbereiten 353

J
Jackfrucht vorbereiten 89
Jakobsmuscheln
– öffnen 196
Gratinierte Jakobsmuscheln 197
Joghurt-Dressing 402
Johannisbeeren
Cumberlandsauce 415
Gelee herstellen 91
Johannisbeergelee 91

K
Kaisergranat 209
Kaktusfeige schälen 92
Kalbfleisch 228
Kalbsbrust 227
Kalbsfond **380,** 308
Kalmar vorbereiten 198
Kaninchen vorbereiten und
zerteilen 270
Kaninchenrücken auslösen 272
Karambole
– vor- und zubereiten 93
Karambolen-Chips 93
Karambolensterne servieren 93
Karamelleis 128
Karamellsauce 423
Karamellsirup herstellen 447
Kardamom 349
Karpfen spalten 171
Kartoffelklöße 294
– gefüllte, herstellen 294
Thüringer Klöße herstellen 295
Kartoffeln
– hobeln 35
– schälen 35

*Bratkartoffeln aus rohen
Kartoffeln* 34
Kartoffelpüree 37
rohe Kartoffeln braten 34
Kartoffelnudeln 332
Käse
– fein schneiden 144
– grob schneiden 146
– raspeln 141
– schmelzen 142
Käseomelett 132
Käsesauce: *Gorgonzolasauce* 408
Käsesoufflé 149
Kastanien **94**
– rösten 94
Keimgerät 65
Kerntemperatur
– von Fleisch 222
– von Geflügel 252
– von Hirschrücken 268
– von Steak 243
– von Wildkeule 279
Kichererbsen 32, 65
Kiwi
– vorbereiten 95
Gemüse- oder Obst-Blüte 426
Klassische Meerrettichsauce 394
Klippfisch 185
Knoblauch
– vorbereiten und zerkleinern 354
Aïoli 393
Klassisches Pesto 396
Rouille 393
Knollensellerie 60
Kochgeschirr **448**
Kochwerkzeuge
– zum Rühren, Schöpfen,
Wenden 449
– zum Schneiden 451
– zum Schneiden, Spezialwerk-
zeuge 452
– zum Sieben, Sieben 449
Kohl
– vorbereiten 39
Kohlblätter als Rouladenhülle 38
Kohlrouladen 38
Kohlrabi vorbereiten 40

SACHREGISTER H–O

Kokosnuss
– öffnen 97
Kokosmilch herstellen 96
Kopfsalat 58
Krake 208
Kräuter
– aufbewahren 357
– einfrieren 357
– einlegen 358
– trocknen (Mikrowelle) 358
– waschen 359
– zerkleinern 359
Eier-Kräuter-Sauce 403
Frankfurter Grüne Sauce 400
Salsa verde 397
Kräuterbutter 360
– herstellen 360
Kräuteressig **361**
Kräuteröl **361**
Kräuterpanierung 457
Kräutersaucen
Dillsauce 412
Estragonsauce 413
Kräutersträußchen
Bouquet garni für Fisch 362
Bouquet garni für Fleisch 362
Bouquet garni für Geflügel 362
Kürbis füllen 41

L

Lachs 162
– filetieren 172
– Tranchen schneiden 175
Graved Lachs 174
Räucherlachs vorbereiten 173
Lamm 223
Keule entbeinen, binden 230
Keule tranchieren 230
Lammkotelett **231**
Lammkotelett mit Kräutern 231
Zitronen-Lammkoteletts 231
Languste
– zerlegen (zum Servieren) 202
Gratinierte Languste 200
Schwanzfleisch auslösen 201
Lasagnette 300
Lauch

– vorbereiten, im Ganzen 42
– vorbereiten, in Ringen 42
Lauchzwiebeln 27
Leber vorbereiten 232
legieren, mit Eigelb 137
Linsen 32, **33**
Litchis schälen 98

M

Mais
Kolben zubereiten 43
Körner vom Kolben schneiden 43
Popcorn zubereiten 43
Mandeln
– häuten 99
– zerkleinern 99
Mandeleis 128
Mandoline 31, 52
Mango 106
– auslösen 100
– servieren 101
Mangold vorbereiten 44
Masala **352**
Maultaschen 296
– zubereiten 296
Mayonnaise 392
Medaillons 235
Meerrettich
– reiben 364
Apfelmeerrettich 394
Klassische Meerrettichsauce 394
Meerrettichsauce 364
mehlieren: Gemüse, Fisch und
Fleisch 453
Melone
– aushöhlen 102
Kugeln ausstechen 102
Miesmuscheln putzen 204
Milchreis 328
Minze 361
mixen: verschiedene
Methoden 454
Morcheln: *Gemüseragout mit*
Morcheln 45
Müllerinart 168
Muscheln
– auslösen (frische Muscheln) 205

– auslösen (gegarte Muscheln) 205
– dämpfen 206
Muscheln im Sud 206
Muskat: Nuss und Blüte verwenden 365

N

Nektarinen-Pflaumen-Konfitüre 108
Nieren vorbereiten 233
Nigiri-Sushi 341
Nudelfleckerl 301
Nudeln
– kochen 298
– schneiden (mit der Maschine) 300
– schneiden (von Hand, Bandnudeln) 301
– schneiden (von Hand, Rechtecke) 301
Nudelteig
– ausrollen 302
– formen, zu Farfalle 302
– formen, zu Fusilli 303
– formen, zu Orecchiette 303
– herstellen, Eiernudelteig 304
– herstellen, farbigen 306
– herstellen, mit Kräuterblättchen 308
– herstellen, mit Kräutern 309
– herstellen, Vollkornnudeln 311
Rote-Bete-Nudeln 307
Safrannudeln 307
Schwarze Nudeln 307
Nüsse zerkleinern 103

O

Obst
– einkochen, im Backofen 104
– einkochen, im Topf 105
– schneiden 106
Konfitüre herstellen 108
Ochsenschwanzsuppe 234
– zubereiten 234
Okraschoten vorbereiten, garen 46
Oktopus vorbereiten 208
Oliven
Olivenpaste 367
Stein entfernen 366

475

REGISTER

Omelett 132
Orangen
  Obst-Kugeln und -Scheiben 427
  Orangensauce 414
Orecchiette 303

P

panieren
  – mit Mehl und Ei 455
  – mit Mehl, Ei und Bröseln 456
  Fisch 168, 456
  Geflügel 441, 456
  Gemüsepanierung 457
  Kräuterpanierung 457
  Schnitzel 238
Panna cotta 446
Papaya vorbereiten 110
Pappardelle 300
Paprikaschoten
  – häuten 48
  Gefüllte Paprikaschoten 47
  Samen entfernen 48
Parmesan 141, 146
  Klassisches Pesto 396
Patissons 41
Pecorino 141
Perigord-Trüffel **69**
Perlhuhn, gebratenes,
tranchieren 274
Pesto
  Klassisches Pesto 396
  Pesto rosso 396
  Rucola-Pesto 397
Pfannkuchen
  – backen 312
  Pfannkuchen 312
  Pfannkuchensuppe 313
  Teig herstellen 312
Pfeffersauce 417
Pfifferlinge 49
Pfirsiche
  – häuten 111
  – vom Kern lösen 111
  Gemüse- oder Obst-Fächer 426
  Pfirsichparfait 138
Pflaumenmus 112
  – herstellen 112

Phasin 17
Piemont-Trüffel **69**
Pilze
  – frische, vorbereiten 49
  – getrocknete, vorbereiten 50
  Pilzsauce 416
Pizza 314
Pizzateig herstellen und
  verarbeiten 314
Plattfisch
  – filetieren 176
  – vorlegen 180
  Tranchen schneiden 179
Polenta 318
  – weiterverarbeiten 318
  – zubereiten 316
Popcorn 43
Preiselbeersauce 415
Pudding
  – herstellen 458
  Schokoladenpudding
  zubereiten 459
pürieren, verschiedene
  Methoden 461

Q

Quarkknödel 335
Quatre-Epices 351
Quitten vorbereiten 114

R

Radicchio vorbereiten 51
Rahmsaucen
  Braune Rahmsauce 46
  Pfeffersauce 417
  Pilzsauce 416
Ras el hanout 351
räuchern **463**
  – im Wok 462
  Gemüsewok mit Räucherente 463
  Terrine von Räucherforelle 463
Ravioli
  – herstellen (einfache Art) 319
  – herstellen (gefaltete Art) 320
  Grundrezept 321
Red Snapper 165
Rehmedaillons 282

Rehrücken
  – auslösen 276
  – vorbereiten, zum Braten 277
Reis
  – dämpfen
  (iranische Methode) 323
  – dämpfen
  (japanische Methode) 324
  – kochen
  (Absorptionsmethode) 325
  – kochen, Naturreis
  (Absorptionsmethode) 326
  – kochen, Sushi-Reis 327
  – servieren, geformt 330
  – servieren, in Tomatenreis-
  nocken 330
  Milchreis – vom Herd und aus
  dem Ofen 328
  Risotto zubereiten 329
Remouladensauce 392
Rettich
  – säubern 52
  – zerkleinern 52
Rhabarber vorbereiten 115
Rinderfilet 217, 224
  – zerteilen 235
Rinderfond, dunkler 382
Rindfleisch 228
  Rinderrouladen 236
  Rouladen füllen und rollen 236
Risotto 329
Rochen: Flügel filetieren 182
Rollbraten binden 237
Rosenkohl vorbereiten 53
Rosmarin 361
  – verwenden 368
Rote Beten
  – garen und schälen 54
  Rote-Bete-Nudeln 307
Rote Currypaste 350
Rotkohl 39
  – schneiden 56
  Rotkohlgemüse 56
Rotschmierekäse 147
Rouille 393
Rucola-Pesto 397
Rührei mit Käse 134

476

SACHREGISTER O–S

S

Sabayon, süße 421
Safran verwenden 369
Safrannudeln 307
Sahne schlagen 148
Salat 28
  Eissalat zerlegen 57
  Endiviensalat vorbereiten 57
  Kopfsalat waschen 58
Salmonellen 252
Salsa verde 397
Sardellen filetieren 183
Sauce béarnaise 388
Sauce choron 389
Sauce hollandaise 386, **387**
  Variante *Sauce Mousseline* 387
Sauce Mornay 387
Sauce paloise 389
Sauce Soubise 387
Sauce velouté 390
Sauce vinaigrette 402
Sauerampfer 28
Sauerkirschsorbet 117
Scampi ausbrechen 209
schälen
  Ananas 76
  Äpfel 78
  Artischocken 11
  Avocado 15
  Birnen 80
  Chayote 20
  Feigen 83
  Gurken 31
  Kaktusfeige 92
  Kartoffeln 35
  Kastanien 94
  Kiwi 95
  Kohlrabi 40
  Kürbis 41
  Litchis 98
  Papaya 110
  Rote Beten 54
  Schwarzwurzeln 59
  Sellerie 60
  Spargel, weißer 62
  Zitrusfrüchte 119
schmoren 440

Schnecken mit Tomatensauce 210
Schnecken servieren 210
schneiden 106
  Ananas 76
  Austernpilze 14
  Buntschnitt 29
  Cardy 19
  Chiffonade 28
  Chinakohl 22
  Fenchelknollen 26
  Fleisch 225
  Frühlingszwiebeln 27
  Gemüse 29
  Julienne 28
  Käse 144 ff.
  Kürbis 41
  Mais 43
  Messer 451
  Nudeln 300 ff.
  Pilze 49
  Rollschnitt 29
  Rotkohl 56
  Schwarte 240
  Schwarzkohl 30
  Spezialwerkzeuge 452
  Stangensellerie 66
  Tomaten 67
  Weißkohl 39
  Zucchini 70
  Zwiebeln 73
Schnitzel
  – panieren 238
  – plattieren 238
Schokoladeneis 128
Schokoladenpudding 459
Schokoladensauce 422
Schupfnudeln 332
  – herstellen 332
Schwarte einschneiden 240
Schwarze Nudeln 307
Schwarzkohl vorbereiten 30
Schwarzwurzeln vorbereiten 59
Schweinefleisch 228
Schweineleber 232
Schweinenieren 233
Seezunge filetieren 184
Sellerie vorbereiten 60

Semmelknödel 334, **335**
  – herstellen 334
  Variante *Brezenknödel* 335
  Variante *Quarkknödel* 335
Senfsauce 411
servieren
  gegarten Rundfisch 166
  Karambole 93
  Mango 101
  Plattfisch 180
  Reis 330
  Schnecken 210
Serviettenknödel 336
  – herstellen 336
Sommertrüffel **69**
Sorbet
  – mit der Maschine zubereiten 116
  – von Hand zubereiten 117
Soufflé
  – süßes, zubereiten 150
  Käsesoufflé zubereiten 149
Soufflé, süßes 150
Spanferkel 223
Spareribs 241
Spargel, grüner
  – putzen 61
  Spargelrisotto 61
Spargel, weißer
  – schälen und garen 62
  Spargelschalen kochen 63
Spätzle
  – zubereiten, gehobelt 338
  – zubereiten, gepresst 339
  – zubereiten, geschabt 339
  Teig herstellen 338
Speck auslassen 242
spicken
  Fleisch, mit Knoblauch 226
  Fleisch, mit Speck 226
  Hasenrücken 267
  Wildkeule, spicken und binden 280
  Wildkeule, mit gewürztem
  Speck 281
Spiegeleier 135
Spinat 28
  – blanchieren 64
Spitzkohl 39

477

REGISTER

Sprossen
– keimen, im Einmachglas 65
– keimen, im Keimgerät 65
Stangensellerie vorbereiten 66
Steaks 235
– braten 243
Steinbutt 180
Steinpilze 49
Stockfisch vorbereiten 185
Suppenhuhn 260
Sushi
Futo-Maki-Sushi herstellen 340
Nigiri-Sushi herstellen 341
Sushi-Reis 327
Süße Sabayon 421

T

Tagliatelle 300
Taglierini 300
Tagliolini 300
Tamarinde einweichen 370
Tapenade 367
Taschenkrebs ausbrechen 211
Terrine von Räucherforelle 463
Thousand-Islands-Dressing 403
Thüringer Klöße 295
Thymian 361
– verwenden 371
Tilsiter 146
Tintenfisch
– vorbereiten 212
Tinte gewinnen 212
Tofu vorbereiten und braten 151
Tomaten, getrocknete: *Pesto rosso* 396
Tomaten
– häuten 67
– klein schneiden 67
Gemüse- oder Obst-
Blüte 426
Gemüse- oder Obst-Knospe 427
Tomatenreisnocken 330
Tomatensauce
Frische Tomatensauce 407
Tomaten-Grundsauce 406
Topinambur vorbereiten 68
Tortellini herstellen 342
Tournedos 235

tranchieren
Gans 249
Hirschrücken 269
Lammkeule 230
Perlhuhn 274
trocknen
Äpfel 79
Kräuter 358
Trüffeln **69**
– vorbereiten, hobeln 69
– zum Veredeln von Gerichten
verwenden 69
Tzatziki 401

V

Vanilleeis 128
Vanillesauce 420
Vanilleschote
– verarbeiten 372
Vanillezucker zubereiten 372
Vanillezucker 372
Vinaigrette: *Sauce vinaigrette* 402

W

Walnusssauce 395
Wassermelone 102, 106
Weichkäse 143, 147
Weintrauben häuten und
entkernen 118
Wiener Backhähnchen 456
Wildbret **279**
Wildkeule
– garen 279
– hohl auslösen 280
– spicken und binden 280
– spicken, mit gewürztem
Speck 281
Wild-Medaillons, vom Reh 282
Wild-Stielkoteletts vorbereiten 283
Wirsing 39
Wok
braten im Wok, pfannenrühren 464
dämpfen im Wok 466
Pflegen des Woks 466
Won-tans herstellen 343
Würste garen 468
Würzpasten **350**

Z

Zander 160
zerkleinern, von Nüssen 103
zerlegen
Eissalat 57
Hähnchen, rohes 259
Hase 266
Hummer, gekochten 195
Languste 202
Suppenhuhn 261
zerteilen
Blumenkohl 16
Feigen 83
Glattbutt 179
Kaninchen 270
Lachs 175
Rinderfilet 235
Zestenreißer 119
Zhug 350
Zickleinkeule 226
Zimtstange 349
Ziseliermesser 31
Zitronengras vorbereiten 373
Zitronen-Lammkoteletts 231
Zitronenmelisse 361
Zitrusfrüchte
– schälen, filetieren 119
Zesten abziehen 119
Zucchini 29
– vorbereiten 70
Zuchtchampignons 49
Zuckermelone 102
Zuckersirup herstellen 469
Zwetschenkompott 121
Zwiebeln
– glasieren 70
– in Ringe schneiden 73
– würfeln 73

Wahrer Genuss beginnt
schon vor dem Genuss.

Für ein Kocherlebnis, wie es im Buche steht, müssen Sie einfach den Profis über die Schulter schauen.
Jetzt in der neuen Reihe von TEUBNER, der Kochkurs für Genießer: Desserts.

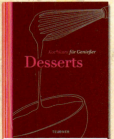

www.teubner-verlag.de

Impressum

VERLAG	© 2005 TEUBNER Grillparzerstr. 12 D-81675 München TEUBNER ist ein Unternehmen des Verlagshauses GRÄFE UND UNZER, GANSKE VERLAGSGRUPPE. leserservice@graefe-und-unzer.de www.teubner-verlag.de
PROJEKTLEITUNG	Claudia Bruckmann
REDAKTION	Claudia Lenz
KORREKTORAT	Waltraud Schmidt, Gesa Gunturu
FOTOGRAFIE	Teubner Foodfoto, Füssen Dorothee Gödert, Offenbach (Haupttitel/Aufmacherfotos, siehe Bildnachweis unten)
TITELFOTO	Dorothee Gödert, Offenbach
LAYOUT/DTP	h3a GmbH, München
HERSTELLUNG	Susanne Mühldorfer
REPRODUKTION	Repromayer, Reutlingen
DRUCK	Appl, Wemding
BINDUNG	m. appl, Wemding
AUFLAGE/JAHR	6. Auflage 2010

Liebe Leserin und lieber Leser,

wir freuen uns, dass Sie sich für ein
TEUBNER-Buch entschieden haben.
Mit Ihrem Kauf setzen Sie auf die
Qualität, Kompetenz und Aktualität
unserer Bücher.
Dafür sagen wir Danke!
Ihre Meinung ist uns wichtig, daher
senden Sie uns bitte Ihre Anregungen,
Kritik oder Lob zu unseren Büchern.
Haben Sie Fragen oder benötigen Sie
weiteren Rat zum Thema?
Wir freuen uns auf Ihre Nachricht!

Wir sind für Sie da!
Montag – Donnerstag:
8.00 – 18.00 Uhr
Freitag: 8.00 – 16.00 Uhr

Tel.: 01 80-5 00 50 54*
Fax: 01 80-5 01 20 54*
*(0,14 €/Min aus dem dt. Festnetz/
Mobilfunkpreise können abweichen)
E-Mail:
leserservice@graefe-und-unzer.de

P.S. Wollen Sie noch mehr Aktuelles
von TEUBNER wissen, dann abonnieren Sie doch unseren kostenlosen
Genuss-Newsletter und/oder unser
kostenloses TEUBNER MAGAZIN.

GRÄFE UND UNZER Verlag
Leserservice
Postfach 86 03 13
81630 München

Ein Unternehmen der
GANSKE VERLAGSGRUPPE

BILDNACHWEIS
Fotos von Dorothee Gödert: Seite 2/3, 6/7, 74/75, 122/123, 152/153, 186/187, 214/215, 244/245, 284/285, 344/345, 374/375, 424/425
alle anderen Fotos: Teubner Foodfoto, Füssen

Das Werk einschließlich aller seiner Teile ist urheberrechtlich geschützt. Jede Verwertung außerhalb der engen Grenzen des Urheberrechtsgesetzes ist ohne Zustimmung des Verlages Gräfe und Unzer GmbH unzulässig und strafbar. Das gilt insbesondere für Vervielfältigungen, Übersetzungen, Mikroverfilmungen und die Einspeicherung und Verarbeitung in elektronischen Systemen.

ISBN 978-3-7742-6965-1

13.2.2010

von
Marcel Persiche
an

Herr Ochin

für den Mentor und Meister
vielleicht wird noch was
aus dem Herr Persiche.

M.Persiche